榜 样

中核陕铀纪念建党100周年暨优秀党员故事集

中核陕西铀浓缩有限公司　编

中国原子能出版社

图书在版编目（CIP）数据

榜样：中核陕铀纪念建党100周年暨优秀党员故事集/中核陕西铀浓缩有限公司编．—北京：中国原子能出版社，2021.10

ISBN 978-7-5221-1543-6

Ⅰ．①榜…　Ⅱ．①中…　Ⅲ．①中国共产党-模范共产党员-先进事迹　Ⅳ．①D263

中国版本图书馆CIP数据核字（2021）第176915号

榜样——中核陕铀纪念建党100周年暨优秀党员故事集

出版发行　中国原子能出版社（北京市海淀区阜成路43号　100048）
责任编辑　王　青　郭文传
责任校对　宋　巍
责任印制　赵　明
装帧设计　崔　彤
印　　刷　天津画中画印刷有限公司
开　　本　787 mm×1092 mm　1/16
印　　张　15
字　　数　156千字
版　　次　2021年10月第1版　2021年10月第1次印刷
书　　号　ISBN 978-7-5221-1543-6　　　**定　价　68.00元**

发行电话:010-68452845

《榜样》

编委会

编辑部

供稿人

王玉琴　王启泽　王学武　王紫骆　牛　娜
石　佳　李立田　李　阳　李　珊　李　娟
李　涛　连文娟　刘　爽　刘章建　杨云英
杨　晨　杨　昕　肖　雄　张　宏　张清清
张雅楠　张　傑　陆金农　陈　行　范志兴
尚　月　周娟娟　庞殿玲　房　琨　赵　梅
胡　俊　陶　峰　隆　研　薛雨欣

前 言

一百年的风风雨雨，中国共产党带领我们劈波斩浪，阔步向前。五十余载虽几经磨难与艰辛，几代陕铀人却从未放弃梦想，传承“两弹一星”精神和核工业精神。践行新时代核工业精神。沐雨栉风、披荆斩棘，走出了一条具有陕铀特色的创新发展之路，在新时代构建了同心多元高质量发展新格局，开启了“三大基地、七大中心”战略新征程。

五十二年峥嵘岁月，铸就辉煌历史；半个世纪奋斗征程，写下壮丽篇章。中核陕铀党员队伍中先进辈出，卓然成林，他们政治坚定、爱岗敬业、技能精湛、品德高尚，用成效显著、感人至深的实际行动为我们做出了表率，展现了共产党员的风范，用奋斗谱写了新时代新陕铀美好的精彩华章。他们为我们树立了榜样，引领我们不忘初心砥砺前行。

《榜样》正是对这些优秀党员为中核陕铀发展倾情倾力流血拼汗的见证。他们岗位不同、事迹不同、个性不同，但他们身上体现出的先进性是相同的，他们都是共产党员队伍中的优秀分子和杰出代表，在各自岗位上践行着共产党人的初心与使命，树立了共产党员的崇高形象，堪称时代楷模。

他们都是光荣的，是我们学习的榜样！

高山安可仰，徒此揖清芬。中核陕铀正收获着属于她的累累硕果，中核陕铀党员的人和事，一再感动着、激励着我们。值此中国共产党建党百年之际，特辑此书以志之。让我们学习榜样精神，在奋斗的时光里，得以坚定前进的方向；让我们化感动为力量，愿才俊辈出，绽放属于自己的芳华。

编委会

2021 年 10 月

目　录

王玉磊

靠前指挥的领头人

王玉磊

初心，是一种远大的理想，让人前进的脚步更加有力；初心，是一份简单的坚守，让人锲而不舍，只为锻造更完美的自我。他，用知识改变命运，靠付出赢得荣誉；他，以初心为“圆点”，以使命为“半径”，埋头苦干，画好事业之圆；他，奉献企业，在平凡岗位上做出了不平凡的业绩。他，就是“省级优秀共产党员”、原工程公司经理、工程管理部负责人王玉磊同志。

胸怀匠心者，初心如磐

“1984 年，我被分配到四〇五厂机械检修车间工作，1993 年去基建处做预算工作，后来又到了计划处、劳动服务公司、基建维修部，再到工程管理部。我是学机械专业的，组织需要我做什么我就学什么，边干边学嘛！”，讲起工作经历，王玉磊笑着娓娓道来。

自2008年调入工程管理部后，王玉磊一直与基建工程建设工作打交道，肩负着中核陕铀工程建设的管理责任。在工作中，他一步一个脚印，在不同的岗位上恪尽职守、勤奋敬业，把管理责任融入每一个细节，确保每项工作始终安全实施、有序推进，在每个施工现场都洒下了他和同事们辛勤的汗水。坚持十二小时在线、全年无休，每天坚持下现场，三个月穿坏一双雨鞋……盯现场、掌实情，是他工作的常态；有激情、在状态，是他最真实的写照。作为基层部门的决策者，他决胜千里、运筹帷幄，为项目部殚精竭虑；作为部门领头人，他重心下沉、靠前指挥，为工作尽心尽责；作为一名共产党员，他胸怀责任、勇于担当。有人问他为啥这么拼？他说："居之无倦、行之以忠，既然选择了这份职业，就要始终坚守，决不能因为自己的失职给企业带来损失，爱岗敬业就是最平凡的初心。"

笃定前行者，使命在肩

汗水浇灌收获，实干笃定前行。405-1C工程是国家重点建设工程，围绕工程建设目标，王玉磊带领工程建设参建人员认真学习工程建设项目管理知识及施工规范，建立了系统化工程管理制度体系，确定了核燃料生产线安装施工规范和施工定额，为工程高效、优质的建成投产奠定了坚实基础。为了保证按主工艺规范施工，王玉磊带领2名管理人员，严把施工材料入场检验关，发现不合格品及时退货、更换，对外协加工的购配件进行定期质量检查。他要求对外方提供的设备进行现场开箱，质检人员随时在现场进行检查记录，对不合格的设备及时进行隔离、制定处理方案，并上报总包、业主，严格按规范要求进行控制，确保了设备安装质量。

他组织质量管理人员根据外协规程，编写了质检操作卡，要求质检人员在现场持卡进行检查，对关键工序、特殊工序进行了 100% 的检验，对施工重点部位进行现场监督、检测。他要求完工的施工工序及分项工程，未经专检，不得向总包单位、监理单位报验，更不能进行下一道工序的施工。为了落实安全生产责任制，确保项目安全实施，他组织公司各部室和各参建方签署《安全生产责任书》，明确了各部门的安全生产职责。在工程安装之前，他结合施工项目的具体实施情况，组织对各施工人员进行安全教育培训和安全技术交底，确保了施工人员进入施工现场前，就弄清楚施工项目的安全控制要点，保证了施工安全。

在 405-1C 工程建设过程中，曾一度出现图纸交付滞后和临时变更设计的问题，造成一些施工准备工作很难全面到位，加之在施工过程中随时会有突发问题需要立即解决，致使施工现场的组织与协调工作责任重、压力大……鉴于这些情况，王玉磊以身作则，每天一上班就下现场，进行现场协调、现场办公、现场解决问题。通过努力，他很快扭转了局面，充分利用现有人力、机械等资源，针对施工项目内容和特点分配施工任务，积极协调解决问题，不断与总包、监理、业主单位进行沟通和协调，得到各方的理解和支持，有效地推动了工程建设按节点完成。

恒有初心者，时光不欺

“专业、严谨、责任心强”，一起共事过的同事不约而同地这样评价王玉磊同志。公司总部领导评价他“踏实、肯干”，他多次被上级单位和公司评为“劳动模范”“先进工作者”，并连续6年入选公司人才库“中坚层”经营管理人才。荣誉的取得不仅是对他工作的认可，更是鞭策他不断前行的动力。

在人才培养方面，王玉磊总是亲力亲为地指导和帮助新入职员工，积极组织技术人员或业务水平高的老职工对新员工、实习生开展“传、帮、带”活动，他自己也定期面向各工段人员举办各类培训、考试，全力培养年轻人，不断提高他们的技术水平和独立的工作能力。他带领各工段精心组织、严格要求，营造出了“人人关心质量，人人重视安全”的氛围，他积极分享工程建设工作经验，研讨成果。他坚信：“做任何事虽有千头万绪，也要考虑周详，想在先，谋在前，要有扎实苦干的精神和组织协调的耐心，保证工作有序推进。”他充分彰显了陕铀人特有的“三种精神”，不断传递出充满活力和感召力的正能量。

“静坐多思己之过，闲谈莫论人是非”，王玉磊就是这样要求自己的。多年来，王玉磊始终秉持“低调做人、低头做事”的信条，踏踏实实地走好每一步，带领着同事们由“工”变“匠”。他以娴熟的管理能力和过硬的技术不断谱写出职业生涯的新篇章，以不懈的努力将奋斗融入他的生命中，催生新时代核工业精神遍地开花。

王汉生

“电参谋”的节能经

王汉生

“不积跬步，无以至千里；不积小流，无以成江海。”降本增效也是一样，只要我们每个人迈出一小步，就会使公司迈出一大步。在中核陕铀就有这样一位“电参谋”，他立足本职岗位，忠诚尽责，永葆共产党员的先进性。用实际行动为公司降本增效作出突出贡献，为全体员工在“降本增效”上做出了表率，他就是生产技术部主任工程师王汉生。

王汉生1989年参加工作，有着30多年工作经验的他始终把公司当成自己的家，顾大局、勤钻研，敬业、乐业、爱业。在职期间他主要从事能源管理工作，按照公司既定工作计划和降本增效工作目标，认真开展能源消耗预算执行分析工作，编制切实可行的年度节能工作计划和降本增效实施方案，组织完成多项节能降本措施的实施。针对节能潜力逐渐难以挖掘的现状，他积极宣传国家通用节能新技术，组织开展新技术应用可行性分析工作。2018年，他组织完成供电系统分析评价，编制供电系统升级优化方案，每年可减少基本电费约300万元。但是他并不满足于现状，为了能进一步降低电费成本，他认真研究电力交易政策，分析交易市场行情，积极与地方政府部门和相关单位沟通协调，精心策划电力交易方案。保证公司2019年度全电量参与电力直接交易，使年直接交易电量比例上升20%，年减少购电成本约930万元。

不仅如此，为确保高压供电系统的经济运行，他还合理安排高压供电系统运行方式，使全年功率因数在0.95以上，获力率调整优惠电费约80万元。2019年4月、7月、9月，因公司110 kV系统转换运行方式，三个月的最大需量超过合同约定值而多产生基本电费约160万元。为此他及时与汉中供电公司充分沟通，查找提供调整依据，避免了上述基本电费的产生。因为出色的业绩，王汉生在2018年被中国原子能公司评为降本增效先进个人，2019年被中核陕铀评为降本增效先进个人。

从1998年加入中国共产党后，他在岗位上更是严格要求自己，尽职尽责，持之以恒地开展各项工作，尤其是在降本增效这件事情上，用自己的实际行动书写共产党人的责任与担当。当他谈起如何正确对待和认识党员标准时，他认为这是一个思想意识要求。当自己走上工作岗位，不想虚度自己的青春年华，想要干好自己的工作，干出一番成绩，就要想着给自己确定一个目标来要求自己。后来通过周围党员的影响和帮助，他得到了成长，对于中国共产党有了一定的认识，特别是党章规定对党员的要求特别符合青年自我的约束条件。他也通过工作深刻体会到，只要按照党员的标准严格要求自己，在本职工作中尽职尽责，持之以恒，相信一定会取得好的成绩，同时要坚定信心跟党走，做好自己服务人民。

还记得 2008 年“5 · 12”大地震时，汉中这边震感很强，大家当时为维持公司正常生产，依旧坚守在自己的岗位上。面对当时人心惶惶的情况，他主动担起党员的责任，第一时间前往一线倒班岗位安抚运行人员，为运行人员排忧宽心，晚上他依然坚守在岗位上，直到确认大家的状态正常才离开。他的爱人也主动加班，托人照顾家里的小孩，为了确保系统能正常稳定，他们克服困难，始终坚持在第一线。5 月 19 日，21 号站发生故障，他进行连续 7 天的一线指导、配合、协调处理，最终才完成故障处理。他始终将工作放在第一位，时刻为公司的发展出谋划策。作为一名共产党员，无论在任何岗位，他都始终坚守初心，立足岗位，奉献青春，积极履行自己的党员义务。

天下难事必作于易，天下大事必作于细。工作中的王汉生就是这样，用角度决定事业，用细节决定成败，从身边小事做起，树立“过紧日子”的观念，不断提高节能降耗、降本增效的意识，为中核陕铀高质量发展贡献自己的智慧和力量。他说：“我做的不是什么轰轰烈烈的大事，但是无论是怎样的工作，我都在用心去做，坚决不拖沓、不误事，工作的成就感也就是这么一点一滴地积攒起来的。除了日常工作，凡是领导交代的其他任务，我也都尽全力去完成。我认为作为一名普通党员，我的形象在一定意义上就是工作形象、岗位形象。”

王念文

善思好学的工控行家

王念文

科学有效的管理对工程项目的实施起着关键性的作用，正确把握项目组织管理中的关键工作，做好每个重点环节的各项工作，是每个项目管理者必须具备的能力。从 2008 年公司引俄工程项目开始，“严细认真”四个字就刻在了王念文的心里。他始终尽职尽责、严谨细致，生动诠释了新时代陕铀人对科学严细的执着追求。

工程建设是非常考验能力的工作，一方面要经常开展现场督导，另一方面要懂得对工程的安全、质量、费用等各个方面通盘考虑、细致考量。当时，公司在计划管理、工序控制方面没有成熟经验可借鉴，身为工程负责人之一的王念文主动协调，多方联络，最终让俄方专家同意在计划和工控等方面对中方技术人员进行详细指导。陕铀公司的工程师团队很快便掌握了较全面的计划管理和工控知识，也很快适应了俄方团队的工作节奏。

回想与俄方专家打交道的经历，最让王念文印象深刻的，是俄方专家对工程质量控制的高标准和高要求。曾经因为厂房装架的清洁问题，中方人员认为对方吹毛求疵，还一度与俄方发生“摩擦”：在关键工程节点上，负责装架清洁的单位从早到晚打扫了整整一天，清洁度始终没有符合俄方专家的验收要求，对方看过一眼转身便走。这让中方人员很是不悦，可对方一再坚持，不通过就是不通过，清洁度不达标绝不验收合格。眼看着工程进度一再被拖延，王念文与团队积极寻求解决方案，最终决定在各装架上挂上牌子，谁负责打扫就写上谁的名字，明确责任、追责到人，矛盾迎刃而解。

“善思好学”是王念文鲜明的工作作风。一边向外方专家学习经验、方法的同时，他也一边不断地总结、归纳，并将这些经验、方法与公司工程管理的实际进行融合与贯通，大大提升了公司工程质量控制水准。注油间的工作也是在工程控制中清洁度要求较高的一个环节，空气质量、部件质量检验等都有明确细致的参数要求。随着工程建设到了最关键的机器安装节点，在高标准严要求的质量控制下，因为质检工作的细致，王念文发现了俄方质量员都没有发现的关键问题。他率领团队及时与俄方交涉，为公司争取到了关键利益。

2018年，当中核传媒的记者走进时任工程管理部党支部书记兼主任王念文的办公室时，惹人注目的是桌上摆放的三本厚厚的《工程建设经验总结汇编》。他笑着告诉记者：“这还只是初稿，后面还会有试运行经验总结，这次成果相比以往更为丰厚。”从引俄项目到新一代国产化离心机示范工程建成，历时十年，对王念文来说，这十年是引以为豪的十年，是拼搏奋进的十年。从最初跟着俄方学习安装、工程控制、运行管理经验，到依靠自主管理，在短短42个月内完成示范工程建设。谈及这背后的蜕变，王念文深有感触："工程建设只有做好计划管理，才有质量保证。通过引俄工程建设我们获得了丰富的经验，这些过往的经验对后期工程扩建有着非常积极的作用，到示范工程建设时，就得心应手很多，安装调试的工作质量非常高。"

亲历过陕铀发展阶段三条生产线建设过程的王念文始终有着淡泊名利的从业态度。艰苦奋斗、科学严细、不计名利，这些陕铀人的精神特质在王念文的身上得到了完美的统一，那是亲历过近300次协调会的求真务实，是与工程参建各方充分协调的精益求精，是每一个计划、审计、验收节点的担当作为。在王念文看来，名利不重要，重要的是将工作做好。谈及公司的未来，王念文满怀信心与希望："可以说我们陕铀公司在工程管理、安装调试这方面的优势是非常显著的，希望在未来，我们的这些优势和经验能够发挥更大程度的作用，继续为公司未来扩大产能、开拓建设做出更大贡献。"

王　浩

我为基层支部书记代言

王　浩

王浩，原中核陕铀 3 号车间的一名党支部书记，1960 年 4 月出生，1977 年 4 月插队下乡，1980 年 12 月参加工作。无论是作为一名知青，还是作为一名工人、干部，王浩都始终如一对党忠诚，遵章守纪，热爱本职工作，干一行，爱一行，做到了认认真真干事，清清白白做人。在党组织的教育和培养下，经过自身的奋斗与努力，他从一名普通工人成长为班长、段长、书记，践行了他的人生追求目标——爱党爱国，做一个对社会、对企业有用的人。

走上工作岗位后，面对时代的发展和进步，他认识到自身原有的文化知识已经不能够适应企业发展和自我提升的需要，为了提高自己的文化水平，他刻苦自学理论文化知识。1985 年 7 月，经过不懈努力，他考取了陕西省广播电视大学党政管理干部专修科。1987 年 7 月学成毕业后，他被组织安排到 3 号车间，从事材料管理工作。

有过知青下乡经历的山东大汉王浩，对人生的追求有着近乎“固执”的认真。作为材料员，他天天和物资、资金打交道，大到上万元的设备仪器，小到几块钱的办公用品。凡经他手领取的物资，每一笔都能做到分类准确、堆放合理、账目清楚；凡由他发出的物资，都能做到手续齐全、用途明确、数量准确。他严格按制度办事，只讲原则，不讲人情，多领多拿假公济私者在他那里总会碰钉子。很多人不理解，公家的钱，公家的东西，你那么认真干嘛？他却说："干工作就必须认真负责！"

在担任班长、工段长期间，他时时刻刻严格要求自己，以身作则，冲在前面，哪里有困难，哪里就有他的身影，哪里有"急、难、险、重"的任务，哪里就有他的身影：在东跨厂房屋顶防漏处理作业中，有他流下的汗水；在44-3号厂房行车安装工作现场，有他给轨道找平的身影；在保水剂试生产中，他曾三天两夜没回家；在保水剂推销的路上，他把足迹留在了祖国的大江南北。

付出总有回报，他的这种勤勤恳恳、任劳任怨、不计得失、甘于奉献的品行，得到了组织和职工群众的认可，他多次荣立厂级"一等功""二等功"和荣获"先进生产者"等荣誉称号。1994年6月，王浩加入了中国共产党，1996年，担任3号车间党支部书记，走上了领导岗位。

作为党支部书记的他，重视建章立制，坚持用制度和纪律管人管事，严于律己，做事认真公平，为人坦诚热情，心里始终装着职工群众，关心他们的喜怒冷暖，遵循"从群众中来，到群众中去"的工作原则，被群众亲切地称为"好书记"。

在日常的工作、学习和生活中，王浩从不摆架子，什么时候都是一副和蔼可亲的样子，总是跟同志们打成一片。无论在生产一线、施工现场、科室班组，都能看到他与职工群众交谈的身影。在生产工作中，哪里遇到困难和问题，能解决的就马上解决，不能马上解决的就及时召集车间职能科室集思广益，尽快拿出处理方案和意见，从不拖延。职工有困难有需求，他会及时联系车间工会进行照顾和帮扶。遇到职工生病住院、家里有婚丧嫁娶，他都会亲自上门看望和问候。职工有烦心事或想不通、看不透的事，他总会耐心细致地进行疏导、化解纠纷。他始终坚信，没有“落后”的职工群众，只有落后的、不到位的工作。多年来，他以“用心、动情、给力”的六字诀做群众的思想工作，帮助几名后进的同志跟上了组织的步伐，他身体力行，把“五必访”“五必谈”做到了实处。“好书记”是他的绰号，也是职工群众对他的尊称，这个“好”字，昭示出他全心全意践行为职工群众服务的初心。当然，这个“好”字，也折射出他并不是“老好人”，面对违法乱纪的人和事，对待不讲规矩、不守纪律的人，他敢于坚持原则，坚决抵制，严厉批评。在任职支部书记期间，他的工作表现得到了组织和群众的认可，曾荣获2000年至2001年度“集团公司优秀党务工作者”荣誉称号。

2015年，王浩退居二线，从事安全监督检查工作。他一边学习一边工作，每天坚持深入运行现场、施工现场，巡查安全生产状态和安标执行情况，发现问题及时纠正或汇报，为守护好主工艺生产这条“生命线”贡献了自己的一份力量。

2020年，王浩正式退休，但时至今日，他仍然心系公司的建设和发展，通过不同的渠道和方式，关注企业的改革、发展、稳定，关心着社区的建设和美化，并尽自己所能，积极建言献策，为维护企业的形象和大局以及社区的文化建设贡献着自己的力量。

王铁军

平凡岗位上不平凡的业绩

王铁军

光阴如梭，岁月如歌。看人生履历，有人止步不前，有人奋斗不止；有人平平淡淡，有人灿若星辰，王铁军便属于后者。他参加工作以来，依然孜孜不倦、刻苦钻研，在科研创新的道路上屡创功勋；他执着坚定、精益求精，力求每一项科研都取得最佳的成果；他稳重踏实、持之以恒，在平凡的岗位上干出不平凡的业绩。

人生在勤，勤则不匮

“刚参加工作时，第一天就跟随着师傅进入现场，当看到现场复杂的主工艺系统和排列整齐的设备时，我的内心被深深地震撼和折服，我在心里暗下决心，一定要努力熟悉工艺，摸透弄懂流程，理清结构和原理，做科研创新的带头人！”每当回忆起刚刚参加工作时的感受，王铁军总是津津乐道和大家这样说。果然，他用实际行动兑现了自己的诺言。

“良田百顷，不如薄技在身”，这是王铁军对自己的勉励。他深信任何一次成功都没有捷径可走，只有苦干实干。他常说：“书山有路勤为径，学海无涯苦作舟。”一个勤于学习、苦于钻研的人，对待工作又何尝不是如此？对于王铁军而言，选择了陕铀，就意味选择了奉献、选择了责任、选择了坚持。

1997 年，王铁军从西北大学无机化工专业毕业后就来到中核陕铀工作，当时正值重点工程建设、离心技术飞速发展应用的关键阶段，他选择扎根一线，积极投身参与工程建设，参加公司及车间的科研攻关和技改项目，取得了优异的成绩和骄人的荣誉。在 405-1C 工程建设中，他主持了 03C 供取料系统的调试及辅助系统的联调，参与 405-1C 级联系统调试；在 1D 工程建设中，他主持了 03D 供取料系统的调试及辅助系统的联调，参与北大厅级联系统调试；在示范工程建设中，他主持了级联系统的联合调试与启动工作。由于工作出色，他连续十年，获得 10 项省部级荣誉，主要获奖情况如下：2010 年，“405-1A 工程级联结构优化研究”成果获得中核集团科技奖二等奖；2011 年，“405-1A 工程级联结构优化研究”成果获得国防科技进步奖三等奖；2011 年，获得陕西省国防科技工业“十大创新标兵”荣誉称号；2016 年，获陕西省国防科技工业“优秀共产党员”荣誉称号；2019 年，“产品容器直接收料新工艺”成果获得中核集团科技奖三等奖。从 2013 年至 2019 年期间，王铁军同志还连续获得 10 项国家专利。

志趣高雅，痴迷钻研

王铁军学生时代就有爱读书的好习惯。当别人都沉浸娱乐时，他却阅读了《雪落黄河静无声》《黄河东流去》《平凡的世界》等文学著作，也正是文学带给他心灵的滋养。工作中，他孜孜以求，刻苦钻研专业技术知识，不断向技术领域开拓进取。他痴迷电脑程序研究，勤于设计、绘制图纸。每成功实施一项技术改造，都会让他兴奋很久。他把个人有限的时间和精力都投入到无限的专业技术研究中去，进入了“无我”的境界。

2003 年，他担任运行值班主任，主要职责就是看护好价值几十亿元的机器设备，维护好正常的运行工况。系统的平稳运行需要各系统的精确调度，需要系统管理人员长年累月的精心操作和维护。为了能够不断提升技术水平，除常规培训外，对于各值发生的人因故障，王铁军都要组织全体人员还原整个过程，分析每一步操作的利弊，得出优解，并及时组织大家进行故障演练，引导大家讨论应对之策。2008 年，级联计算专家发现，若能实现部分机组并联运行，级联每年会多产出十吨以上的分离功。根据此思路，王铁军及时制定出了不需要任何系统改造，就可以立即投入实施的方案，取得圆满成功。

后来，由于专业技术过硬，王铁军担任了主工艺运行车间工艺组组长，直接负责中核陕铀所有级联、供取料系统的运行管理、技术改进等工作。他组织车间技术力量全力推进技术改进工作，先后完成了供取料厂房水系统改进，级联中间取料、产品丰度控制优化、供取料净化方式优化、吹洗方式 HF 捕集方式优化等科研技改项目，极大地提升了系统运行的效率和安全可靠性，提高了劳动生产率，取得了良好的经济效益。通过项目实施，培养了大批专业技术及管理人员，为公司的后续发展储备了人才。

不忘初心，甘于奉献

王铁军常怀感恩之心，始终不忘自己是一名共产党员，充分发挥共产党员的先锋模范作用，二十多年如一日，扎根一线默默奉献。由一名普普通通的员工到科研领域的行家里手，他以实际行动告诉身边的同志：在平凡的岗位上同样可以创造出不平凡的业绩！

入职多年以来，王铁军记忆最深的是 1998 年的夏天，那一年，公司号召大学生报考清华大学核工程专业第二学士学位。他觉得这是一次增长见识、发现差距、提升素养、交流学习的好机会。天生不服输的他开始了疯狂的备考冲刺。他利用休假、倒班休息时间，见缝插针、刻苦学习理论知识。通过竞赛场上的一路“拼杀”，他从众多的参赛职工中脱颖而出，并于 2007 年 7 月，考取了清华大学核工程专业第二学士学位。2009 年 7 月，又取得清华大学核能与核技术工程专业工程硕士学位。自此，他满怀热情学成归来，用多年所学知识回报公司。

王铁军通过多年的经验积累，并结合自身的工作实际，总结出了“三心”工作法。一是虚心，就是虚心学习优秀员工的操作经验，把他人的经验与技术变为自己的技能。二是用心，就是对每一项科研任务都做到百分之百用心，每一个环节都要做到精准掌控，心中有数。三是精心，就是做任何事都必须一丝不苟，全神贯注，精心精益。他常说：“公司给了我一个平台，我应该将我所学的知识发挥出来，学以致用，为企业作出应有的贡献！”

人若有志，万事可为。作为中核陕铀的中坚力量，王铁军谦虚而真诚地说：“成绩属于过去，在以后的工作中，要不断以热血青春传递正能量，带领和引导更多的青年员工，一如既往，继续为伟大的核工业事业作出新的、更大的贡献。”

王烈华

一生都在补偿欠账的人

王烈华

1943 年，王烈华出生于安徽省六安市，1964 年应征入伍。1966 年加入中国共产党。1971 年，退伍后被安排到四〇五厂第 10 车间从事管钳工工作，直至退休。

坚定信念，勇当模范

王烈华加入党组织以来，一直严格要求自己，无论是在工作、学习和生活中，始终不忘作为一名共产党员的初心和使命，不断加强党的政治理论学习。在信息不发达的年代，他通过阅读报纸、书籍，观看电视新闻等方式，关心国家的方针政策，不断提高个人的思想认识水平，坚定为党工作的初心，践行为国担当的使命。

1998 年退休后，他不忘自己是一名党员，仍积极参加党组织分配的相关工作。在大是大非面前，他始终坚定政治立场，保持共产党员本色，发挥党员先锋模范作用，以实际行动为社区营造和谐向善的社会正气。

不忘初心，成果斐然

自 1971 年到四〇五厂 10 号车间从事管钳工工作以来，王烈华需要经常与工业用水、生活污水打交道，工作服基本没有干净过。管钳工工作是一个高技能、难操作的工种，劳动强度大，而王烈华又是一个十分注重个人形象的人，但他没有畏难退缩、嫌脏怕累，在二十余年的工作生涯中，依然能保持精力充沛、干净整洁、严谨细心的个人风格。

在每天高强度的工作面前，他从来没有叫苦叫累、怨天尤人。作为班组领头人，只要上级有要求，他就义无反顾地接受任务，立刻查看现场、准备相关材料和工器具，合理安排人员做好配合工作。工作过程中，他始终带头干最难、最苦、最脏的活，在他的带动下，全班组的人都干劲十足、团结协作，各项任务都能得到圆满的完成。

无论是管钳工维修任务、车间工程施工任务，还是日常维护任务，凡是有任务下来，作为班长的王烈华总是第一个到达工作岗位，第一个准备工器具，并合理安排人员从事各项工作，让班组的每一个成员都能发挥专长，分享劳动的成果和喜悦。

王烈华在职二十余年，他先后参加过工厂多个改扩建工程的建设，均圆满完成工作任务。1973 年至退休前，他先后获得“优秀共产党员”荣誉10余次，其中包括核燃料系统和陕西核工业局党组颁发的荣誉；先后获得过“工厂劳模”荣誉2次、核燃料系统“重点项目达产达标标兵”荣誉1次；在引俄离心工程建设工作中，获得240台架建设“二等功”荣誉1次；1993年获“一等功”荣誉1次。

老有所乐，老有所求

退休之后，王烈华仍发挥着作为一名共产党员的优良作风，乐于帮助同事邻居。哪家有水管阀门漏水问题、单位有不能解决的管钳工加工难题，只要联系他，他就会及时到位提供帮助，助人为乐。

在子女教育方面，王烈华以身作则，严格要求自我。以严谨细致、吃苦耐劳的作风影响着子女。其子王伟先后在10号车间、5号车间工作期间多次获得公司“先进生产者”“公司劳模”等荣誉，目前已经成长为电气检修部高压线路班的班长，成为部门的生产骨干。

在退休生活中，王烈华老有所求，抽出更多的时间陪伴妻子，主动承担起买菜、做饭等家务劳动。用他的话来说：“以前欠的账，现在终于有时间来补偿了。”他以实际行动为追求家庭和睦、生活美满付出自己的真诚与爱，以一名老党员的身份继续在退休职工群体中发挥着先进模范的作用。

韦成银

与基建的约定与坚守

韦成银

韦成银，1968 年 2 月加入中国共产党，1971 年 2 月参加工作，2000 年 5 月退休，曾任基建维修车间基建工段电工班班长，先后四次荣获公司“优秀共产党员”荣誉称号。

作为四〇五厂最早的一批建设者，韦成银在离开部队回厂工作后就经历了艰难困苦的初期建设阶段，在那个还在使用粮票、布票、工业券的年代，大家节衣缩食，共同度过物质匮乏的时期。当时的工作生活环境十分艰苦：没有住房，大家自己动手，在北山坡搭建起板房；没有先进设备，大家肩挑手扛，用双手搭建起实验用的厂房。可以说建厂初期的一砖一瓦，一屋一房，都是由像韦成银一样勤恳的基建维修车间职工们加班加点撸起袖子奋斗出来的。

到了后来的试验工程时期，韦成银所在的基建维修车间接到了拆除原有厂房一万多立方米钢筋混凝土的任务，面对厂房里一米多厚的混凝土墙，韦成银带领着突击队员们，以“人心齐、泰山移”的决心，凭借着手里的钢钎和铁锤，对这能抗 8 级地震的混凝土“山”发起了进攻。哪怕关节已经粗大，哪怕手掌布满老茧，哪怕虎口已然开裂，哪怕伤口隐隐渗血，但为了建设中国第一座用新工艺法生产商用浓缩铀的工厂，为了建设厂里的生命线、职工的幸福线，他们义无反顾地扛起了肩上的重担。一个月、两个月、三个月，整整七百多天的奋斗，离心机一期工程于1996年10月2日成功建成投产，他们用双手完成了不可能完成的工程，其过程之艰辛，任务之艰巨，是没有经历过的后辈们难以想象的。没有他们的拼搏奋斗，就没有“中国离心铀浓缩事业从陕铀起步，必将在这里发展壮大”的豪迈宣言！

习近平总书记说过“一代人有一代人的使命，一代人有一代人的担当”，从业35年来，韦成银在工作中兢兢业业，任劳任怨，用实际行动践行了共产党人的初心和使命，用言传身教展现了老一辈核工业人的责任和担当。“老骥伏枥，志在千里”，即使在退休以后，他仍然十分关心公司的发展，紧跟企业动态，掌握公司时事，多次在“创先争优”活动中荣获“优秀共产党员”荣誉称号，成为广大干部职工学习的标杆与典范。

如火如荼的工程建设虽已告一段落，但陕铀人“敢为人先、科学严细、坚定执着、为国担当”的精神依然在公司同心多元高质量发展的新征程中熠熠生辉，有了一代代陕铀人的智慧与汗水、付出与奉献，陕铀的明天一定会更加美好！

卢广欣

为四〇五工程建设保驾护航

卢广欣

卢广欣，曾担任四〇五厂保密处处长，负责全厂的生产保卫、保密、消防等工作，多次参与涉密工程的建设和涉密设备、资料等的押运，坚守护卫着国家的绝密级工程。

405-1是国家重点引进项目，当时条件下保卫工作难度大，参建单位多，外事人员杂，开工项目多，还有国外专家需要跟随警卫。在外出押运工作中，他带领押运人员从新疆、甘肃、宁夏、内蒙古回到陕南，经历了冬天的寒冷、夏天的酷暑、春秋的大风、沙尘暴和干旱。当时因厂里条件有限，为了确保设备、材料、机械的安全，全部是铁路和铁皮闷罐车押运。在这种艰苦的条件下，他带领队伍保证了工程的顺利安全进行，他优异的表现多次受到上级各部门和厂里的表扬奖励，同时还受到了外方专家的肯定。他执行的特殊任务保密工作在核工业内部进行了经验交流，同时四〇五厂被评为核工业先进模范单位。

1992年，正值405-1A工程的引进和开工建设，对全厂的保卫保密、消防警卫工作提出了更高要求，他作为保卫保密的负责领导，积极参与了中俄两国秘密引进工程的保卫保密谈判，签订两国保卫保密协议合同，多次协调参建单位相关工作事宜，参与国际交接和国内运输的保密保卫、国安、铁路、公路、民航、边防等部门相关工作配合事宜，制定各参建、参运部门的规定。他被任命为中方交接、押运和全厂代表保卫队长。他深知担子的重要和责任重大，他组织中方卫队，带领全体押运人员，全体干警、武警押运了 400 多列的货物，全部实行了军事运输，使设备、机械、材料、涉密图纸资料都安全、顺利地运送到工程建设的地方。刚开始几次运输押运多数在冬天和夜里进行，东北、华北的冬天冰天雪地、干燥寒冷，没有任何取暖条件，夏天南方炎热酷暑，每次十几名押运人员、警卫人员都挤在铁皮闷罐车里，没水没食，没有厕所，昼夜值守着国家工程建设的设备、材料和文件、图纸、资料。有几次文件和图纸要从俄方经满洲里秘密带回中国，在边境口岸要凭中方卫队长的任命书和俄方提供的密件文本和授权图章，经查验标准后才能移交给我方。要求带有图纸、资料的保密箱需要用手铐铐在卫队长手腕上，还要多方位铅封和麻胶封，使密品密件寸步不离卫队长的身体，吃饭、休息、上厕所都要带在身上，每次都顺利保证密品密件的安全。

其中，最困难、最艰险的几次货物交接，都是在冬天的夜里进行的。冬天满洲里零下 30 多摄氏度，走到南方的夏天铁皮车厢内要零上 30 多摄氏度，有时要在火车车厢内押运十多天。为了工程早日建成投产，他们克服种种困难，圆满完成任务。

在工程建设的消防任务中，他认真开展消防监督检查，完善各级岗位消防岗位责任，及时整改安全隐患。三十年来，各项工程建设、生产区域都未发生火灾火险，连续多次被省、市消防部门评为消防安全单位。2005 年，厂里获得了四〇五工程消防验收合格证书，确保了四〇五工程国家验收。

多年的涉密工作和保密工作，他能认真履行工作职责，深知保密工作的重要。在保密处长的岗位上，他积极开展国家保密资质认证工作，严格按照国家保密资质认证的各项规定和保密认证评分细则的规定，完善落实保密工作各项规章制度，严格检查整改，接受上级部门的检查和认证评分。2005 年，厂里获得国家保密部颁发的国家保密认证最高级（一级）的保密认证资质证书。卢广欣的保密认证工作也多次受到省、市、核工业集团公司和国家保密局的表彰鼓励。

朱文友

刚柔并济的“贴心人”

朱文友

刚而不柔，脆也；柔而不刚，弱也；柔而刚，韧也。朱文友就是这样一位刚柔并济的“贴心人”。在 34 年的核工业岁月中，朱文友终坚持以真信教育、真诚参与、真情维护、真心建设、真心服务的“五真”工作理念，履职尽责、主动作为，精准发力、精细服务，以行动走好新时代群众路线，时刻把员工冷暖放在心头，以实绩赢得了广大职工的一致认可。

思想上进作风严

1978 年，是朱文友在四〇五厂工作的第一年，到他退休整整 34 年。34 年时间里，他先后在多个部门任职，工作期间，他始终对自己高标准、严要求，坚持党性修养，牢记党性要求，把党的事业作为自己最大的职责和最高的使命。在工会工作期间，朱文友深深懂得作为一名共产党员要做好企业基层工会工作，必须要坚定信念。他平时积极参加各种工会干部、职工代表培训班，提高自身素质和履职水平。同时，他注重提高自身业务管理水平，认真学习《工会法》《劳动保护条例》《女职工特殊权益保障法》等，主动探求服务职工、化解劳动纠纷、调解矛盾的方法。在他的带领下，公司多次获得全国五一劳动奖章、省国防工会先进集体，而他本人也多次获得集团公司优秀党员、厂级优秀党员荣誉。

以身作则树榜样

朱文友在工作中以身作则，带领员工树立良好的“陕铀人”形象。他能够以制度、纪律规范自己的一切言行，严格遵守机关各项规章制度，始终把创新作为推动工作不断进步的源泉和动力，用创新激发出工会工作的活力，多次组织中核陕铀岗位职业技能大赛等活动。通过建机制、搭平台，让优秀员工展示有舞台、提升有空间，营造出比学赶帮超的良好氛围。他积极倡导“学习型”职工小家建设等活动，为人文陕铀建设添光彩。他不仅在工作中善于创新，更积极带动广大职工群众积极投身创新创效实践，围绕安全生产、服务品质、运行效能、成本控制等工作，大力推行以小发明、小革新、小改造、小设计、小建议为内容的“五小”创新活动，把全员创新融入公司日常管理和生产经营活动之中，在创新中凝聚广大职工追求卓越。

关爱职工显真情

朱文友常常深入基层一线，走近职工群众，用带着温度的点滴举措传递组织关爱。他坚持定期带队深入基层一线，组织开展职工代表巡查工作，细心排查工作场所中危及员工职业安全的隐患，切实维护职工合法权益；组建篮球、气排球、摄影等十余个文体兴趣小组，活跃职工业余生活，引导职工快乐工作；带头到一线“送清凉”慰问职工，为职工送上防暑降温药品和饮料等。

木拔于林，必深其根；鸾翔于宇，必丰其翼。面对取得的各项荣誉，年过七旬的他不止一次说：“这些荣誉从来都不是个人的，而是集体的功劳。每个人都为了四〇五厂的建设作出了巨大的贡献。”

朱定西

做一个有用的人

朱定西

退休，在大多数人的观念里，意味着劳碌了大半辈子后可以卸下工作担子颐养天年了。但有那么一个人，他依然坚守在服务职工群众的第一线，义无反顾地履行着一个共产党员的责任和义务，他就是中核陕铀退休职工、原四〇五社区居委会主任朱定西。莫道桑榆晚，为霞尚满天。他退而不休，寄情于社区，乐于奉献，用自己的实际行动谱写出一曲动人的共产党员之歌。

挥斥方遒，以知青精神当好“拓荒牛”

1970 年，刚刚退伍的朱定西响应党的号召，怀揣着梦想到核工业 21 公司工作，从此成为从事核事业的一名职工。1980 年，他服从组织安排被调到四〇五厂工作，彼时的四〇五厂还处于初期建设时期，到处是一片荒凉的景象，但朱定西丝毫没有退缩，这一留便是 28 年。扎根核事业建设 28 年，他先后担任过多个职务，在作风上始终保持党员先进性。始终对自己高标准、严要求，时刻保持严谨细致、求实苦干的作风，干一行、爱一行、钻一行。他尊重领导，团结同志，谦虚谨慎，虚心向领导学、向老同志学、向身边所有人学，听得进意见，改得了不足。他严于律己，依法办事，坚持做到了清清白白做人，干干净净做事，受到单位广大职工同事的好评，也得到领导的肯定，多次荣获“优秀共产党员”荣誉称号和中核陕铀“先进工作者”称号。不管身处何职，他始终如一地坚持发扬知青精神，用青春和汗水浇筑四〇五厂发展的坚实土壤。

“虽然我是穷苦出生，没什么文化，但是我希望能通过努力工作向党组织靠拢。”为了能够入党，朱定西白天努力工作，晚上回家学习文化知识。“毛主席语录我都随时揣在身上，只要一有空就拿出来反复阅读。”1968 年，在两名老党员的介绍下，朱定西加入了中国共产党。从入党那一天，他的言行，从来都是向着党和集体。“我志愿加入中国共产党，承认党纲党章，遵守党的纪律，服从党的决议，过严格的组织生活。学习马列主义、毛泽东思想，克服一切非无产阶级思想意识……”当年的入党誓词犹在他的耳畔回响，每每提及那段峥嵘岁月，朱定西老人满眼都是激动和感慨。

古道热肠，以服务精神当好“红小二”

作为一名 53 年党龄的老党员，一直把“做一个对国家、对社会、对群众有用的人”作为自己为人处世的准则，退休后的他更是闲不住。从 1998 年开始担任四〇五社区居委会主任，身份变了，岗位变了，但对朱定西而言，责任却始终不变，使命也始终不变。

“我们是党员，只要党员带头干，群众才会更有劲嘛!”担任居委会主任后，他积极参与各类社区治理活动和公益活动：为邻里调解矛盾纠纷；为残疾、独居、高龄老人送温暖；参与清洁家园活动、垃圾分类活动……他每天奔走于小区、物业、居委会，共同商议解决了困扰小区多年的乱晾晒、乱停车、乱扔建筑垃圾、大件家具问题。在垃圾分类实施过程中，朱定西更是一马当先，勇挑重担，坚守在垃圾分类的第一线。不嫌麻烦、不畏辛苦，发现问题及时解决，看到乱投放的人员及时劝阻。在他的反复劝导下，居民们乱丢乱倒垃圾的陋习得到了极大的改观，小区环境变得整洁靓丽起来。2020 年疫情发生后，他带领群众积极做好防疫工作，为社区居民分发口罩，积极做好宣传动员工作，每天耳提面命强调防控知识，积极为老人和儿童送餐买菜，“因为有不少老人独居，有些还行动不便，送餐员又不能进来，刚好我就住这个片区，所以我就主动跟社区申请去送餐”，这是朱定西同志最简单的想法和最直接的行动。

老当益壮，以雷锋精神当好“指导员”

退休后的朱定西积极参加四〇五社区安排的党员学习活

动，时刻关注着社区党组织的发展。他常说："要懂方针、懂政策，才不会迷失方向，才能抵挡一些歪风邪气的诱惑。"他时刻以优秀党员的标准要求自己，始终牢记全心全意为人民服务的宗旨，处处发挥党员的先锋模范作用，恪尽职守，无私奉献，爱岗敬业，勤勤恳恳，任劳任怨，以自己的言行诠释了共产党员的先进性，得到了领导和群众的一致好评。他政治立场坚定，积极拥护党的领导，思想与行动始终与党的路线、方针、政策保持一致。

"人虽退了，但心一直未闲。"退休后的生活中，每月的支部大会他从未缺席过，还将自己多年积累的政治资本加以提炼，当起了社区党史教育的义务宣讲员，每天都要看新闻，学习和了解党的方针政策、国内外形势，组织各类活动积极宣讲党的政策。按照社区服务群众的需求，他先后组织开展了民族团结、家庭教育、民法典、党史等主题宣讲，并结合新时代文明实践活动，编写了"红船精神""四德"教育宣讲稿，通过社区大喇叭进行宣讲，反响热烈。

"不忘初心，方得始终。"成长于战火纷飞的岁月，经历过新中国和平建设的年代，像朱定西一样的老党员们参与书写了中国革命、建设与发展的壮丽史诗，见证着改革开放给中国社会带来的巨变。朱定西用一生的不离不弃和无怨无悔见证了他对党的挚爱与忠诚。

任秀英

巾帼芳华追梦人

任秀英

一颗星星虽然微小，却能发出耀眼的光芒，就像无数星星可以照亮整个苍穹。在中核陕铀退休职工中，有这样一位退休女职工，她任劳任怨，恪尽职守，勇于钻研，用多年的守护和陪伴，在平凡的岗位上，释放出耀眼的光芒。在同事眼中，她是聪慧干练的“大忙人”；在父母眼中，她是善解人意的“小棉袄”；在丈夫眼中，她是温柔贤惠的好妻子；在子女眼中，她是善良慈爱的“天使”。她，就是优秀共产党员任秀英。

兢兢业业的教书匠

作为一名工人家庭出生的她，从小受到父辈们对党和国家热爱和忠诚的熏陶，在思想上已经埋下了一颗幼小的种子。1976 年高中毕业，她作为知青下乡，在这段时间里，经历过苦难，也感受过温暖，深切地体会到党组织为建设国家所做出的努力，也看到了身边党员同志的无私奉献和热血奋斗。从那时起，她迫切地想成为共产党的一员，为国家建设出一份力、尽一份心。

1985 年，她跟随父母回到了 814 厂，父母在厂里上班，她在 814 子弟学校当体育老师，在学校里帮助学生加强身体素质锻炼，下班时间听听广播，看看报纸，心系国家，思想上积极向党组织靠拢。在 1987 年得偿所愿，加入了中国共产党。从此，她在心里暗下决心："入党是我人生的新起点，我要为党和国家的建设奉献一切。"

在 814 学校短暂的三年里，她是一位兢兢业业的教书匠。作为一名优秀共产党员，任秀英在课堂内外总是严于律己、默默奉献。她谈道："不管是日常教学还是党务工作，身为党员必须要对国家的方针政策有更深层次的理解与体会，以党员的标准严格要求自己，给同学们做好表率作用；要踏实上好每一节课，实事求是、公平公正处理每一件事。虽然在教育行业的时光短暂，但为自己踏踏实实、尽心尽力的工作而感到满足！"

勤勉务实的奋斗者

1988 年，任秀英跟随丈夫来到了坐落在秦巴山麓、汉水之滨的四〇五厂，成为了 9 号车间的一名气焊工。气焊是什么？焊枪怎么用？焊条起啥作用？这些最基础的气焊知识对刚刚接触气焊工作的任秀英来说都要从头学起。

“绝活是练出来的。”这句朴实的话是任秀英工作的真实写照，她为自己定下了严格的“白+黑”学习工作计划。白天上班，她便一头扎进工作里，一干就是好几个小时，手臂常常酸得抬不起来，眼睛常常被熏得睁不开，直流泪。焊接时，飞溅的火花直接溅到脸上、身上，即使隔着工作服也烫得让人打颤。尤其到了夏天，工房里的空气中夹杂着焊接的热浪，直叫人透不过气，工作一天下来，连咳出的痰都是黑色的。但为了尽可能熟练地掌握焊接技术，每当别人都下班了，任秀英还留在车间反复练习。

晚上下班后，她还不忘学习，到书店买了焊工资料，靠自学不仅学完了焊工中级工到技师的课程，还补修电脑办公软件，对电脑操作也熟练掌握。书山有路勤为径，凭借惊人的毅力，任秀英硬是把抽象的《焊接工艺学》《金属材料学》等理论书籍“啃”了下来，初步掌握了与气焊相关的电工知识、钳工知识。再经过日复一日的练习，她的技能也日臻成熟，遇到问题，总能准确判断并迅速找出症结。

朴实无华的追梦人

1995 年，任秀英被调到 8 号车间任支部书记兼工会主席，她始终牢记自己的工人身份和党员身份，踏踏实实学习、勤勤恳恳工作；她在工作中与职工打成一片，举办各种活动，丰富员工生活；员工思想上有波动、有疑惑、有解不开的疙瘩，她都主动出击，及时沟通交流，答疑解惑、换位思考、协助解决问题。她说，尽自己最大的努力，让员工没有思想包袱、开心快乐的工作和生活，是她的工作职责也是她的工作目标。工作最繁忙的时候是每年的年底，由于年底公司进行各项考核、评优、总结等工作需要报送各种材料，这些材料都是她亲手编制、认真仔细校对修改，保证每一份报送文件的质量。这就是一名共产党员的责任心。

从 1988 年到四〇五厂工作一直到 2001 年从岗位上退休，任秀英在这里见证了中国铀浓缩事业的起步与发展，也亲身经历了一期工程的建设和投产。作为一名参与者，她感到十分骄傲。回想起十多年的工作经历她很自豪和欣慰，她用实际行动诠释了一位党员的担当和奉献。最值得自豪的是，工作期间，在她的帮助下发展了 39 名党员，为党组织增添了新鲜血液，为公司培养了大批人才。退休后，她依然在发光发热，积极地投入到社区工作中，组织社区晚会、体育运动、帮扶群众等活动，践行着一名共产党员的初心与使命。

成长必然伴随着荆棘与付出，作为一名优秀共产党员，任秀英的成长之路上洒满了辛勤的汗水。荣誉诉说着她翩翩起舞的过往，同时也告知她要以驰而不息的毅力继续振翅高飞，守护她心中的“家”。

华建平

笃行不怠辉映党徽

华建平

有这样一群人，不论他们担任何种职务，都走在前列，他们重责任、敢担当、讲奉献；不论他们从事何种工作，都干在前头，干在实处；不论何时何地，他们永远保持着共产党员的先进本色。一名党员就是一面旗帜，一枚党徽就是一生的承诺。华建平就是我们身边的一面旗帜。建厂初期，华建平带着他一身的真空测量技术从 814 厂来到了中核陕西铀浓缩有限公司，担起了系统真空测量的工作。

踔厉奋发不知倦，务实笃行践初心

“我当时刚来这里工作，就参与了 240 厂房建设的相关工作，那时候的生活条件还太落后了，整个厂连座机电话都没几个。总是早上上班时候和家里打声招呼就出门了，晚上回去的时间都是不确定的，工作忙起来就在厂房里凑合着休息一会起来继续工作。那时候也不知道哪来的劲头，就好像不知道累一样，一定要将工作按照节点完成了才能放心回家。”回忆中的华师傅，口气中充满了自豪，“咱们公司这几个工程，在建设时期，我都有过不同程度的参与。所以呀，我对咱们公司的这一份感情可是很深厚的，这就像是我自己的孩子一样，我陪着它一步一步走到了今天。”他从不抱怨，情深义重，把公司既当成了奋斗岗位，也当成了自己的孩子。

运斤成风守朴拙，栉风沐雨臻至善

“刚开始建设240厂房时期，我们还是刚刚参加工作没几年的试验员，对于真空测量，大家都是一张白纸，没干过、没听过。华师傅作为段长，担起了这份重任，带着我们一步一步参与进了这一个小厂房的建设、调试和试验运行的工作中。”刘辉师傅说。徐立师傅回忆：“那时候我也才刚刚参加工作，从未参加过真空方面的工作，是他为我们讲解真空规程中的相关知识，教给我们真空技术，带着我们使用探漏仪器。”提起那时候的华师傅，虽然时间已经过去很久了，可是依然可以从他们的口气中感受到华师傅对待工作那份认真的态度，感受到他们对华师傅那一身过硬技术水平的佩服。他总是不知疲倦，兢兢业业，既是领路人，也是奋斗者。

在位谋职砥砺行，不啬微芒润人心

随着时间的流逝，华师傅成为了原机械检修车间的华书记。他在完成日常工作的同时，积极学习党的各种先进思想，在空闲时间会去各个班组和同志们聊聊天，拉近与普通职工群众的距离，及时向大家传递党的一些方针政策，了解大家的思想动态。“看见华书记，就会想起他对待工作时的态度，感受到他不论何时都积极向上的精神风貌，这也让我、让我身边的人都多多少少产生了良性的改变。”刘辉师傅这样说道。华师傅说：“身为党员，我们就是要随时随地都做好模范带头作用，要将好的、对的、正向的能量传递给职工群众，要带动人民群众一心向上、一心向党，不能因为任何人任何事而改变。”在华建平担任书记的这些年里，他做到了他所说的，做到了不负自己、不负职工群众、不负公司、不负党组织。

忆当年峥嵘岁月，光辉榜样育新葵

“年龄大了，我就退离了一线去了党委宣传部，看见周围那一张张年轻的面孔，我觉得我也变得年轻了。在咱们公司建企 50 周年的时候、在建立公司文化展馆的时候，我也跟着这群年轻的同志一起加班加点地工作，感觉好像回到了建设240的时期，不知道时间的流逝，只能看见眼前的工作还未完成，而我一定要将它完成好。”沉浸在回忆中的华师傅是幸福的，他说，“我总是会告诉身边的人，要认真干好每一件事，要时刻做好准备，毕竟机会不会等待任何一个人，而如果是金子的话，不论早晚总是会发光的。”认真做事，踏实做人，恪尽职守，时刻准备，“春蚕到死丝方尽，蜡炬成灰泪始干”，是作为一名共产党员对生命价值的不懈追求。

就是华建平这种从开始工作就一直认真负责的工作态度，让每一位提起他的人都为之敬佩，他用自己的行动展现出了什么叫做一名党员就是一面旗帜，一枚党徽就是一生的承诺！他始终在用“赓续红色血脉，践行初心使命”的风韵风采和“红心永向党，甘做铺路人”的奉献精神，辉映中国共产党建党100周年的重大历史时刻。

刘 辉

检漏人的真故事

刘 辉

不论在忙碌的检修现场，还是在火热的抢修战场，抑或是在忙碌的故障设备旁，总能看到这样一个身影，微胖的身材，中等的身高，麻利的动作，特别是他胸前的那枚闪着光芒的党徽，格外耀眼，在中核陕铀一说起刘辉，没有人不知道。2007 年、2015 年他两次荣获中核陕西铀浓缩有限公司“劳动模范”称号，2018 年获“中核集团优秀党员”和“陕西国防科技工业劳动模范”荣誉称号，已是机械检修部一张响当当的名片。

苦练内功，夯实理论根基

主工艺设备检修工作十分繁杂，点多面广，在工程建设中主要是“抽真空，检漏，真空测量”，属于整个工程最后一道工序，俗称“交钥匙”，系统真空合格后才能交给主工艺。在平时的工作中，不说要样样精通，但必须事事知晓，即要雷厉风行，也必须耐心处理。刘辉从接触这份工作开始，就全身心投入在这份在旁人看来十分麻烦的工作。为了能够干好这项工作，他搜集各种书籍与资料，每天下班后不断地学习、研究、记笔记，一步一个脚印，稳扎稳打，充分利用业余时间和岗位锻炼的机会，不断强化自身的知识储备。他说："只会操作、只懂技术还不够，要走得更远，必须加强理论学习，真正成为知识型、技能型、创新型人才。"

有道是："足不强，则迹不远；锋不铦，则割不深。"刘辉从不打无准备之仗。他在做任何工作时都会事先准备，一丝不苟、兢兢业业，提前熟悉工作现场、工作流程，对每项工作都能够做到了如指掌。无论面临什么样的工作，他都会提前认真规划好策略，避免自己出现临时手忙脚乱的情况。为了能在示范工程建设中贡献出自己的一份力量，整个工期，他带领真空团队一直坚守奋战在建设一线，识别作业风险，一遍又一遍地进行隐患排除，确保将作业风险降到最低，白加黑的工作模式已然成为常态。他善于思考和分析，在真空找漏工作中，不放过任何一个细小的差错，发现了一种缩短寻找漏点的新方法，极大提高了真空找漏的效率，为工程后续节点按期完成提供了保障。

敢于担当，冲锋检修一线

"1C 系统设备存在异常，请及时处理……""收到，马上到现场”“刘师傅，电阀找漏你可以来调一下吗?”“好的，马上就来。”

类似这样的场景几乎每天都会在上演，刘辉始终秉持“敢为人先”的工作态度，深化责任意识，只要现场需要，他总能及时响应、总会及时出现在现场需要的地方，将真抓实干发挥到极致。在检修高峰期间，每天的通话记录将近上百条，他都能做到一一回应。总能看见他在施工现场穿梭的身影，奔走于工作负责人、现场及业主之间，发挥党员的先锋模范作用，彰显党员榜样力量。

检修完毕后，他会清楚分析工作难点和风险点，记录填写的相关注意事项；做好找漏检查消点工作，每次工作消点前都认真检查工作负责人纪录填写，程序勾选是否符合要求，确保自检合格后再通知相关安全检查人员进行消点，最大程度保证了工程检修的一次性合格率。他说：“我是党员，遇到困难我先上，始终冲在检修找漏的最前面，不怕苦不怕累，向核工业贡献出属于检修的力量。”

“能吃苦、能打硬仗、专业技术过硬……”是大家对刘辉的称赞，他是机械检修班的一员猛将，雷厉风行、不惧困难、勇于挑战是他身上特有的精神，作为一名优秀的共产党员，他始终牢记着自己的使命，时刻发挥党员的先锋模范作用，哪里的隐患最多，哪里最累、最脏、最险，他就往哪里扑。检漏的活是个仔细磨人的活，作业空间狭小且作业环境恶劣、难度非常大。但是，每逢检修或是抢修，他总是冲在最前边：“让我来!”

记得有一次，刘辉带着几个女同志正在执行检漏工作。在检测了几百个管子、上万个节点后，却突然发现一根管子检漏不合格！经检测发现这根管子存在自身缺陷需要更换，这将意味着，前面所做的工作要重新推倒，再重新找漏，重新测量。眼看工期将近，检漏工作要结束时却出现了这样大的一个“拦路虎”，刘辉看在眼里，急在心里，可又能怎么办呢？他深知问题必须解决，只能给大伙鼓劲，带头抢着干活。为了抢出工期来，他和工友们加班加点进行了连续五天四夜的工作，带着他的娘子军们天天“破空、检漏、抽空、封存”。终于管道阀门检漏合格把耽误的时间抢了回来，确保了示范工程中上万米管道、数千台阀门真空合格，给主工艺顺利交了“钥匙”，为示范工程按计划启动立了“头功”。

积极创新，破解疑难杂症

凭借多年的检修经验和勇于创新的精神，刘辉成为了中核陕铀降本增效、设备改造的一把“尖刀”。从事主工艺设备检修多年，他积极主动，敢想敢做，一次阀门疑难故障检修，却多次检修无果，刘辉现场反复进行检查和分析，大胆提出对核心部件拆解检查，经过拆解后的仔细排查，最终消除了故障，也为检修此类阀门积累了宝贵的经验。他善于思考和分析，在真空找漏工作中，发现了一种缩短寻找漏点的新方法，极大提高了真空找漏的效率，为工程后续节点按期完成提供了保障。他坚持修旧利废，创新技改，为公司的降本增效工作作出了突出贡献。

然而，面对业绩和荣誉，刘师傅由衷地说："工作业绩都是大家拼出来的！干一期工程，锻炼一批骨干。"在引俄工程中，外方的真空规程很宽泛，没有现成的师傅，只有自己在实际操作中去琢磨，去总结经验，才能取到真经。刘辉对这一项目没有丝毫的畏惧，迎难而上，用多种方式提高检漏效率，提高设备真空度，用心学习实践，使公司的真空作业在同行中取得了出色的成绩。他说："我们现在的新工艺都是在一期期工程中身经百战总结而来的，至少在几家核燃料公司中，我可以自信地说我们的真空工作做的是最好的。"刘师傅真真正正地道出了真空检漏人的心声。

刘　翔

以“严”为基的实干家

刘　翔

和蔼可亲、淡泊名利，他是同事心中的“一级劳模”；一丝不苟、锱铢必较，他是同事身边的“在线严师”；工作严谨、技术过硬，他是同事眼里的“万能钥匙”。作为中核陕铀工程管理部的专业工程师，刘翔近30年来，精益求精，一丝不苟，实现了企业效益和个人成长的双丰收。

刘翔出生于1967年10月，1995年12月加入中国共产党，现为工程管理部专业工程师。入职以来，他本着干一行、爱一行、钻一行的职业操守，用攻坚克难的勇气、永不言败的志气、敢打硬仗的锐气，诠释着陕铀人的责任与担当，4次被公司党委授予“优秀共产党员”荣誉称号。

“不经一番寒彻骨，怎得梅花扑鼻香。”作为一名26年党龄的老党员，刘翔在工程建设、设备调试以及后期维护等环节不断历练自己，积累了丰富的经验，大家都称他为工程技术的“活规程”。在他的理念里，只有严格要求才会做出实绩，在实际工作中，他总结出“四严标准”。

严把设备关

俗话说“兵马未动，粮草先行”。立足新工程的建设，刘翔主动学习有关新工程建设的管理知识、技术文件，查阅图纸资料，边学习边实践。对自己负责的电气、自控、仪表等项目，他从设备开箱验收、落位，电缆铺设、电缆接线、通电调试等进行全过程监督检查；他按照设计图纸和资料的要求，认真核对产品的规格、型号、技术文件、合格证书等资料，对达不到设计和规范要求的进场产品和材料拒绝验收，直至更换合格产品；他主动收集、汇总工程建设信息，及时与有关方面反复协商沟通，解决了施工过程中的疑点和难点问题，保证了负责项目的顺利完成。

严把安全关

作为新工程建设的安全质量监督管理员，刘翔始终坚持“安全、质量零事故”管理目标不动摇，严格按照国家法律法规和图纸规范要求组织开展安全、质量管理活动。他坚持持证上岗制度，严格审查特种作业人员的资质和施工方案。他将施工安全保障和组织措施同步落实，加强对重要施工点和工序进行过程监控，深入现场，察看实情，帮助施工单位制定安全措施。他每天深入施工现场监督检查，对在检查中发现的问题归纳整理，形成纠正措施，责成相关单位进行整改，并对整改情况进行过程监督，直至安全满足要求，保证了新工程建设顺利进行。

严把施工方案关

在新一代铀浓缩离心机大型商用示范工程建设中，刘翔充分发挥模范作用，处理处置若干项“卡脖子”的问题。根据示范工程实际情况，他在原设计的基础上进行了“一站式中频电源”、调节器、调度盘改造等科研成果应用。为了保证少改动原设计方案，又能满足后续工程启动运行需要，他与设计单位深入讨论和沟通，从现场实际出发，重新确定了变频器的安装位置和电源连接方式，在时间紧、任务重的情况下，对施工单位编制的施工方案、调试方案进行认真细致审核，在较短的时间内完成九个供电电源的安装调试，进行了一站式中频电源的可靠性和相关技术参数的验证，最终在工艺设备启动前夕完成了变频器的调试工作，为主机的顺利启动打下了坚实的基础。

严把验收和经验反馈关。随着工程验收工作的展开，刘翔对分管的项目认真对照检查。凡是不能满足规范要求的都责令施工部门限期整改，直至合格。工程项目启动运行后，及时对收集的缺陷进行归纳整理分析。刘翔根据不同情况选择不同的处理方式，或将信息反馈给设计部门，或在现场进行整改完善。他先后解决了 10 kV 电源保护设计不完善、机组区段主机断电时调度盘显示不正常、机组冲击试启动过程中电气存在的不正常等缺陷，为主设备后期安全稳定运行提供了经验反馈。

新时代需要实干家，新时代需要奋进者。正是有着许许多多像刘翔一样对工程建设一丝不苟、兢兢业业的陕铀人，为陕铀工程建设和续写陕铀建设新的辉煌打下了坚实的基础。

刘瑞廉

要对得起党员这个身份

刘瑞廉

瑞，以玉为信也。——《说文》。

《左传》中有这样一个小故事：宋人或得玉，献诸子罕。子罕弗受。献玉者曰："以示玉人，玉人以为宝也，故敢献之。"子罕曰："我以不贪为宝；尔以玉为宝，若以与我，皆丧宝也，不若人有其宝。"这也许就是刘瑞廉姓名的来历。

刘瑞廉1976年出生于河南新郑，大学本科学历，1996年入党，1998年参加工作。中核陕西铀浓缩有限公司分析计量部光谱化学科放射化学分析班，高级专业工程师。

见到刘瑞廉，是在公司5号群的门口，他身着一身蓝色工装夹克，给人的第一印象就是一名踏实、专业的核工业人形象。在听到自己曾先后6次荣获"中核陕西铀浓缩有限公司优秀共产党员"荣誉称号时，刘瑞廉表现出了极大的惊讶："是吗，有这么多次吗？数一数……好像是有。"说起自己20余年的工作经历，他对自己的评价是："一步步很平静地走过来的，也没有十分特别的，也不说那么高大上的话，就只是能对得起自己，对得起这份工作，对得起自己党员的这个身份。”正是这份平淡与朴实，他将一名共产党员“不忘初心、牢记使命”的信念落到实处。

刘瑞廉自1998年参加工作，先后于中央分析室、企业发展及项目开发工作组、动力车间、分析计量部等多个部门任职，听起来毫无关联的工作之间，他找到其中的内在联系，无惧挑战。面对如此复杂且丰富的工作经历，他收获良多。他说：“正是这样的工作经历，使我的技术水平与管理能力得到了很大的锻炼。”遇到困难时，他说：“现在面对的难题与我们党经历的挑战比起来，一帆风顺得太多了。”乐观、坚定的生活态度在他的身上体现得淋漓尽致。自律、善于计划的工作习惯也是从那时开始养成的，多年工作环境的不断变化也使他得到了锤炼和提高，有了更广阔的视野，不仅个人能力得到了提升，也带领班组获得共同成长。

“公司正在进行一项与主设备性能恢复及提升的重大科研项目，其中，物料中的杂质元素分析检测任务从没有进行过，需要大家一起来想想办法，这个工作怎么搞？”

这是主机清洗试验项目开展前他听到的话，面对这道难题，刘瑞廉义无反顾，现在说起来仍沉浸在那份极大的自豪感中。这是一项开拓性试验，完全创新的项目，相应的主机清洗后物料中某些杂质元素的检测任务也是从未进行过的。他深感责任重大的同时毫不退缩、迎难而上。他带领班级攻坚克难，从无到有，从有到精，圆满完成了此项艰巨的任务。除此之外，他还对项目进行过程中的数据开展了质量分析，他编制的《主机清洗溴分析过程的质量控制》为主机清洗试验过程决策和效果评定提供可靠依据，也凭借这份成果荣获公司质量活动成果二等奖。说起这个二等奖，他说“这个我要说一下，一等奖空缺……”笔者能感受到他在此刻满满的成就感。这就是对一名优秀共产党人追求的肯定。

从他的工作经历中，不难发现，“创新”是他的代名词，仅在 2018 至 2021 年这 3 年期间，他就先后开展《标准溶液（系列）自动化研究》《UF_6 中 B、Si 的测定 ICP-OES 法》、贫铀再处理研究项目分析方法的建立等研究工作，并荣获奖项。尤其是在 2020 年 9 月，他与同事一起在北京共同发布的 QC 成果《缩短“161-B”组标准溶液配制时间》荣获“2020 年全国 QC 小组成果发表赛”专业级成果。

他就是这样一个人，时刻将党的信念记在心间，切实做好表率作用，面对肯定和嘉奖，他平常心看待，然后继续勤学苦练、追赶超越，破解一道道难题，攻克一道道难关。从他身上一个个成功的实践，真真切切地映射出中核陕铀人的创新活力，也映射出一名新时代共产党员与时俱进、开拓创新的精神，以敢想敢拼的身影为“强核报国，创新奉献”的企业愿景添砖加瓦。

孙　伟

孜孜以求守匠心

孙　伟

“唯有中原多高日，忍怀长夜漫天星。”这是对中核陕铀公司教育培训部主任孙伟的高度概括和真实写照。时间是公平的见证人，一分一秒都度量着孙伟在培训体系建设和培训基地建设过程中的付出和奉献。不论是日常工作还是重大专项工作，孙伟都事无巨细、亲力亲为、主动担当，全心全意为公司贡献自己的力量。

“临危受命”，静思谋划布新局

打铁还需自身硬，无须扬鞭自奋蹄。2019 年伊始，公司聚力打造中核集团铀浓缩培训基地，孙伟积极谋划，主动作为。在建设具有陕铀特色的培训基地过程中，他始终有着自己的独到见解和不得不坚持的原则，克服困难、勇于担当、甘于奉献，统筹协调工作中的各种问题，各项工作取得明显成效。“培训事宜马虎不得，理论知识与实际操作同等重要。”

孙伟如是说道。于是，在培训开始之前，孙伟就已经提前着手准备相关事宜，小到培训人员的顺序安排，大到培训内容的规划，孙伟都要亲自过目。“有时候加班晚了，准备回家的时候发现孙主任办公室还亮着，为了让咱们公司教育培训基地做好、做强，他太拼了”，这是同事对他的评价。也正是这种一丝不苟的工作精神，让孙伟成为典型的陕铀人代表，在孜孜以求的工作中不断提升自己的业务能力，在冗杂繁多的日常事务中时刻保持耐心，倾心尽力地高效完成各项工作任务，成为众多同事的楷模。

“冲锋陷阵”，鼎力排难不停歇

“宁听骂声，不听哭声。”作为一名共产党员，孙伟始终以高标准严格要求自己，在工作之余，不忘积极主动学习党的理论知识，将理论与实际相结合，在日常的工作中加以运用。在贯彻落实公司党委、总经理部决策部署工作的过程中，孙伟坚持做到知行合一，在面对困难时冲在第一线，将全心全意为人民服务这一党的宗旨铭记于心，并努力践行。

在其他职工的眼中，与其说孙伟是领导，不如说他是一个谦和而亲切的长辈，在日常的相处过程中，总是能够想他人所想，急他人所需。孙伟始终以严格的标准要求自己，以饱满的热情投入到工作之中，面对特殊情况、复杂难题他不仅冲在先、干在前，更能团结同伴、相互提携，在遇到急、难、险、重任务时，既当指挥员又当战斗员。他视责任重如山，视名利淡如水，廉洁自律做表率，在平凡的岗位上默默坚守，在普通的岁月里碌碌无闻。在负责教育培训部的工作中，他识人善用，按照每一位员工的工作能力与性格特点进行任务分配，得到部门内同事的认可和信服。然而，孙伟并没有因此而骄傲，他认识到自己所肩负的责任。在培训基地建设的过程中，对待每一份培训方案，他都严格把关、细致落实，深究细节，也正是这种“吹毛求疵”的精神，才有了培训基地和培训体系建设的顺利推进。

“行稳致远”，立足岗位勤耕耘

百舸争流奋楫者先，千帆竞发勇进者胜。在中核陕铀“打造示范工程，推行降本增效、培养人才”的新征程中，孙伟身上的担子很重，他积极组织部门人员走出去对标，引进先进的安全管理理念和优秀的安全管控模式，解决职业健康安全环境工作中的难点和热点问题，抓实安全环保管理、强弱项、补短板、夯基础，有效推进职业健康安全环境工作稳健开展。

孙伟常说：“看人与看物的道理是一样的，有时需要变换角度重新审视自己，只有看得到自己的短处，才有提升自我的空间。”事实上，孙伟也是这样做的，在每一天的工作结束后，他都会花十几分钟时间重新回过头审视自己一天以来的表现，看到哪些地方做得好，哪些地方还需要提升，鞭策自己不断进步。他用心工作，做爱岗敬业的表率；他也用心学习，做刻苦钻研的模范，这就是陕铀人的匠心品质。

越是有梦越拼搏，越是艰险越向前。孙伟咬定教育培训不放松，以责任和奉献丈量青春岁月，用担当和无悔诠释青春责任，用实际行动绘就青春本色，让人生在磨砺中放射出别样的青春光芒。

孙维新

到祖国最需要的地方去

孙维新

他叫孙维新，1959 年毕业于汉中一中，同年考入第二机械工业部。1964 年 7 月，面对“建设大西北、服务大西南”的号召，他毅然决然地向学校递上一份“到祖国最艰苦最需要的地方去”的申请书。踏上西行的列车，一路上戈壁无际，孙维新被分配到二机部所属的国营四〇四厂三分厂。

入职四〇四厂时，刚刚毕业的他，还处于懵懂状态，但是他凭借自身的努力和勤奋，每天跟在老同志和师傅们的身后，钻研学习，并参加三厂承担工程项目的设计、复查和评审工程。不仅如此，孙维新还参加了核工业废水蒸发设备设计和核工业废水处理工作，当时正处我国核工业第一批厂矿的创建时期，他为我国核事业的发展贡献了中坚力量。

1970 年 4 月 25 日，为了响应毛主席“三线建设要抓紧”，孙维新被调到宜昌地质八二七大队。1974 年 10 月，因工程调整，调入汉中四〇五厂，分配到专用设备处，因学的是机械制造，被派到外地当驻厂代表做检查员。为提高厂里职工文化水平，厂里成立职工补习班时，孙维新临危受命，做了两年补习班教师。

他常说：“自己是一块砖，哪里需要哪里搬。”1984 年 10 月，孙维新又因工作变动调到了第四车间，担任技术组组长，重点工作是教授职工学习操作规程，当时 405-1A 新工程正在建设阶段。1985 年 5 月，孙维新被认定为第一批恢复专业技术评定的工程师。在这期间，他也深受党中央的影响与号召，不断向党组织靠拢。

1986 年 5 月 2 日，这是孙维新人生中最重要的日子，这一天，他光荣地加入了中国共产党。谈及入党初心，他首先要感谢的便是党组织的栽培，是党组织给予了他不断提升自我党性修养的机会。同时，他也认为在党组织的领导下，自己的专业技术水平会不断提升，以求更好地适应不断变化的时代发展要求，为国家作出力所能及的贡献。在后来的日子中，孙维新以一名优秀党员的标准严格要求自我，认真学习，用心思考。在平凡的岗位上，始终如一，勤奋刻苦，扎实工作，时刻发挥党员的模范带头作用，始终恪守着“高标准，严要求”的原则，追求将一切力所能及的事情做到最好。那些荣誉、奖项都是他全力拼搏、立足岗位、敬业爱岗的最好印证。孙维新以不息的奋斗，点亮了属于他的人生星河。

孙维新用自己的双手和汗水投入国家核工业的发展，投入中国现代化建设中，成为了国家这一巨型机器中的一颗“螺丝钉”。

孙 辉

“大老孙”的爱岗情结

孙　辉

“再过两年，‘大老孙’就年满60，要离开工作岗位光荣退休了！”

孙辉大个子，一脸福相，遇人总是笑眯眯，一副和蔼可亲的样子，平时被同事们亲切称为“大老孙”，一方面是因为孙辉本人身形高大，体格魁梧，另一方面更多的是他身上流露出的纯粹与质朴，深深地感染着身边的每一个人。身为机械检修部的技术骨干，孙辉已经是一名35年党龄的老党员，他既在重大工程建设中挥洒过汗水，也在日常系统和设备的维护工作中默默奉献着自己的力量。1999年荣获陕西省技术能手荣誉称号，2003年荣获中核集团技术能手荣誉称号。提起参加工作和工程建设的情景，他依旧记忆如新，过往一切经历宛若昨日……

初生牛犊不怕虎

1982年，20出头的孙辉随一批新工被招聘到四〇五厂。当时，位于秦岭南侧洋县大爷山脚下的四〇五厂，还只是一个不足千人、名不见经传的小厂。因为厂子小又偏僻，很多人都不知道有这么个厂。进厂后他就和几个年轻人分到了机械检修车间，学习基本机械检修的操作。

“那个时候年轻，什么都不懂，就只有慢慢地跟师傅学开机器。”言谈中不难看出，对于这段经历，孙师傅感受颇深，心情也有些激动。也许后来的年轻人不知道他们那代人经历了什么，也无法想象他们吃过的苦有多深。当时的厂房还有职工宿舍等基础设施都还极其简陋，住的是小平层加油毛毡房，冬冷夏热，雨天还要提防漏雨。几十个新工同住一间大房间，上夜班的上夜班，上白班的上白班，房里整天都没一刻安静。最惨的还是上夜班，白天睡不好，晚上还要上班。由于当时设备简陋，生产能力不足，为了完成每天的生产任务，全厂上下就只有加班加点地干，一天24小时两班倒。每个班12小时的工作时间，也没有星期天休息日。车间里没有空调，也没有除尘的设备，唯有隆隆的机器发出的噪音，一个班上下来总是满身的灰尘。孙师傅和那一帮新工就是在这样的工作环境中熬过来的。孙师傅说：“当时年纪轻，也不觉得怎么累，慢慢的就习惯了。”

老将出马一个顶俩

2018 年，405-1A 工程正在如火如荼地建设，身为电工的孙辉，当时带领一个施工组负责厂房装架、集流管等关键设备管道的安装工作，由于工种不同，很多的理论安装知识还是短板。工欲善其事必先利其器，为了能够按时间节点完成建设任务，孙辉每天早早地就来到办公室，桌面上还是前一天晚上还没来得及收拾的图纸和规程，泡上一杯茶，转身便全身心投入到复杂的文字和线条中。不时掏出准备好的小本子，将安装的关键步骤记录下来，遇到不明确的地方，马上又冲入厂房，按照规程对比设备，直到心中的疑惑彻底解答才满意地从厂房回到办公室。沉浸规程和图纸的海洋里，一天的时间仿佛过得特别快，转眼间已到下班的时间。身边的同事收拾好文件，陆陆续续地回家喊他下班的时候，每次孙辉都说："你们先回，隔行如隔山，我要学习的东西还有很多嘞！"夜深人静时，总能看到孙辉伏案学习的身影，东方欲晓时，他又不辞辛苦地出现在了工作岗位上。正是这样前期大精力地投入，孙辉对于安装规程和设备位置熟记于心，每次安装时候都是冲锋在前。面对工作环境恶劣、工作量巨大的情况，他带领施工组的组员们在真空干燥棚里近 70 摄氏度的高温环境中持续作战，挥洒汗水，攻坚克难，保质保量地完成了预定的安装任务。

工程建设顺利完工后，孙辉投身到系统设备维护检修的工作中，谈到日常检修工作，孙辉对自己的工作很是骄傲："我的特长就是能快速有效地处理故障！"

每一次遇到电气设备跳闸或是电气线路失电的问题，大家总能在孙辉的小本本上找到相应的处理办法，因此他也被称为设备检修的"百科全书"。如此日积月累，润物无声，就是这最简单的方法练就了他独特有效的检修本领，总能在不经意间将故障合理有效地排除。他也将自己的检修"秘籍"毫不吝惜地传授给徒弟和身边人，培养出了一大批青年人才。

平凡岗位无悔人生

在"大老孙"近40年职业生涯中，当年还只是个名不见经传的小厂，经历过数次升级改造，现如今已发展成为了拥有数千名技术工人的现代化工厂，更是洋县最大的龙头企业，这是他们这一代人的青春、汗水和骄傲。

当年和他一起进厂的那批学徒，在岁月变迁中，走的走留的留，有的当了领导，有的干了修理，有的退养，还有的都已退休，而他到现在仍旧在一线。对于人生中的起起落落，孙辉并没有太多的在意，在他即将走完职业生涯、圆满"交班"前，他最想说出来的一句话就是："无论工作也好，生活也好，为人处世也好，只要对得起企业，对得起手中这份工作，对得起身边的人就没有什么后悔可言！"

“这么多年风风雨雨都过来了，平时不觉得，要离开了还真的有些舍不得呢!”孙辉有着与老一辈核工业人一样的质朴信念，也有着相同的理想追求，他们就像那戈壁里老厂旁一排排傲然挺立的白杨、扎根在大山之巅的青松，探寻苍穹叩问初心，传承着父辈所坚守的使命，舒展着强核强国的光荣与梦想。

杨京洛

为核事业奉献一生

杨京洛

杨京洛，一名四〇五厂的退休职工，他把最宝贵的青春年华，都献给了核事业。

1958 年，“大跃进”运动在全国展开，这一年，杨京洛刚从初中毕业，凭着优异的成绩被学校保送到高中。因为家庭经济的困难，杨京洛失去了这次宝贵的升学机会。“山重水复疑无路，柳暗花明又一村”，恰在此时，二机部在西安办的中专学校（即西安机械制造学校）的工作人员到杨京洛的中学招应届生，有 10 个免费到西安机械制造学校学习的名额，杨京洛是其中一名。杨京洛所学专业为机械专业。1962 年毕业后，他被分配到五〇四厂工作，从此成为从事核事业的一名职工。1966 年，因当时的国际形势非常紧张，五〇四厂的安全受到严重威胁，二机部决定再建一个铀浓缩工厂，即定名四〇五厂。1966 年 11 月杨京洛被调到四〇五厂筹备处工作（工作地点在新疆乌鲁木齐市二机部 519 大院）。1973 年 3 月，杨京洛来到四〇五厂工作，直到 1998 年 3 月退休，从事核事业工作 37 年。

通过在五〇四厂、四〇五厂筹备处、四〇五厂的工作和生活，杨京洛与核事业建立了深厚的感情，他内心非常热爱核事业。他在几十年为五〇四厂、四〇五厂筹备、四〇五厂的建设工作中，做到了无条件服从组织分配，工作上积极努力，认真负责。杨京洛参加工作后，积极向党组织申请入党，于1966年4月9日光荣地加入了中国共产党，党龄55年。他在四〇五厂工作期间，先后从事四〇五工程建设、技校党支部书记、四〇五总厂机械制造分厂的办公室主任、工会主席等工作。

杨京洛在各项工作中，恪尽职守。他在任机械分厂办公室主任和工会主席期间，面对工作覆盖面大、内容比较繁杂等情况，杨京洛在工作中有“两大法宝”，一是坚持热情认真事必躬亲，二是坚持深入各车间班组基层。对于每一位兄弟单位的办事人员和新调入员工，他都做到了热情接待，并认真处理有关业务，耐心介绍分厂各方面情况。

对于总厂工会开展的各项活动，杨京洛做到了认真组织，积极参加。他经常深入分厂各车间班组，看看是否有需要解决的问题，并认真帮助抓好班组管理和建设工作，他深入过的班组，每年都取得了比较好的成绩，受到总厂工会的好评。

杨京洛心系困难职工，每年春节都会到困难职工家中拜年，做好了困难职工平常和年终的困难补助工作，受到广大职工的爱戴，得到了总厂领导和工会的肯定。雷锋同志曾说过“共产党员是块砖，哪里需要哪里搬”，他作为一名共产党员，就像钉子一样，无论组织把他安排在任何岗位上，杨京洛都不会生锈，闪闪发着光。

退休后，他依然积极从事社会性的工作。去过居委会帮忙，协助建厂 40 周年的厂史编撰，担任过中核陕铀老龄委、中核陕铀老科协、党支部书记等职位。因年龄大了（现年 83 岁），加之身体有病，于 2021 年 3 月辞去了党支部书记工作。

杨京洛在四〇五厂的筹建和建设工作中以及退休后的社会工作中，努力做了很多工作。杨京洛坦言：“这是受党多年教育培养的一名共产党员和从事核事业的职工应尽的责任和义务。”他先后荣获优秀共产党员 11 次、优秀党务工作者 2 次、立功 2 次、其他荣誉 8 次。

“靡不有初，鲜克有终”。尽管杨京洛谦虚地认为他做的只是一名普通党员应尽的义务和责任，但这些荣誉无不是对他的肯定。他心系党和群众，以自己的实际行动证明了“共产党员，永不退休”。

李玉杰

做一名靠谱的分析人

李玉杰

骏马扬蹄嫌路短，雄鹰展翅恨天低。从年轻的大学生到如今的生产管理者，虽然身份不断地在转变，但是内心的初衷却从未有过改变，那就是：认真对待每一次样品检定分析。他，就是中核陕铀一名靠谱的质谱分析者——李玉杰。

李玉杰生于 1969 年 2 月，高级工程师，1994 年 6 月从陕西师范大学物理教育专业毕业来四〇五厂参加工作，1999 年 9 月 20 日入党，现担任分析计量部生产科科长。

不用扬鞭自奋蹄

众所周知，在通向成功的道路上，并不是一路坦途，而是坚强的信念、经久的考验、无懈的付出！1994 年 7 月，李玉杰加入了中核陕铀这个大家庭。作为一名基层质谱分析员，李玉杰传承着陕铀人脚踏实地、甘于奉献的共性品格，秉持着劳动最光荣、劳动最美丽的朴实理念和硬朗作风，用实际行动践行着“敢为人先、科学严细、坚定执着、为国担当”的新时代陕铀精神。刚入职时，他被分到质谱分析线上，看着一堆“素不相识”的操作，好奇心顿时充满了内心。为了提高自己，他刻苦钻研质谱分析新知识、掌握新技能，向书本学、向同事学，摸清质谱分析原理，并且学以致用，笔记本写了满满三本。面对从未接触的质谱分析原理李玉杰丝毫没有退缩，他主动请教科室主任和同事。操作不熟，他按照规范勤加练习……李玉杰从点滴做起，从基础抓起，慢慢上手。

担当尽责舍小家

质谱分析是保障铀浓缩生产线产品合格率100%的重要一环，它是对生产线产品丰度实时监控的手段。质谱分析是生产过程的有效受控、质量监控有效反映质量状况、生产丰度的有效跟踪和控制的重要保障，可以说，产品丰度离不开质谱分析。作为质谱分析人，他将耐得平淡、舍得付出、默默无闻作为自己的准则，深入学习，不断提高观察、分析和处理问题的能力，用新知识、新技能充实自己，增强自身的应变能力，不断地发光发热，为陕铀同心多元高质量发展贡献着自己的力量。

除了日常的分析检定工作，还会时不时有很多临时性的分析检定工作，他同样做到把好每一道关，主动加班加点，毫无怨言。每天大部分时间都忙碌在车间里，起早贪黑钻研业务，老婆孩子很少能见到他的人影，更不用说吃上一顿团圆饭了。他的努力和付出，厂里上下有口皆碑。他常说："只有干好工作，心里才踏实。"他用行动履行自己的工作信念和敬业精神，无时不鼓励身边的年轻同志。

无私奉献"传帮带"

五十知天命，真正的工匠甘为人师，甘为人梯。李玉杰同志他还在工作和学习中处处发挥模范带头作用，悉心传授别人的知识盲区，合理规划和分配分析工作。他常说："公司改革发展和继续变强不容易，只有一心把本职工作做好，为公司着想，公司才能发展得更快、更好、更强。"为提高岗位人员操作水平，加强后备人才队伍建设，满足岗位要求，他每年为此专门编写各类培训教材进行集中培训。针对运行岗位特点突出实际操作，着重从实际操作，维护保养，方面进行着重培训。通过仿真异常情况处理，现场模拟真实场景，结合自身经验讲述操作中会出现的突发情况及应对措施。正是这种易懂易通的传授方式，让大家感到通俗易懂，激发了大家的学习热情和工作动力。

近三十年的风雨历程，李玉杰已将自己的青春燃烧在中核陕铀这片热土上，他以自己的忠诚、执着与拼搏谱写出一曲曲优美的乐章，为企业的发展释放着自己的光和热。像他这样默默无闻、十年如一日执着奉献、忠于企业的“行动派”和“实干家”还有很多很多，他们从基层起步，稳扎稳打用心积累，逐渐成长为企业的中流砥柱，在不同的岗位执着奉献，为核工业的发展贡献出了自己一生的力量。

李红彦

藏在“没什么”中的大学问

李红彦

“喂，李总，您好，我是昨天跟您联系过的……”

“我在办公室，你上来吧。”

每次站在中核陕西铀浓缩有限公司洋县基地大门口，都能感受到一种经历过岁月磨炼才能培养出来的质感，闪耀着某个特定时期的光彩，不管是这栋建筑还是这栋建筑中的中国离心铀浓缩事业的初代建设者们。

李红彦就是这样一名建设者，他的经历在现在看来无甚特别，正如那句“没什么”看起来的那样。自1989年参加工作，他先后经历405-1A、1C、1D及具有完全自主知识产权大型商用示范工程的建设、启动、调试、投产等全过程。由一名基层运行人员、副值班主任、值班主任、车间主任，慢慢成长为现在的副总工程师。在技术的道路上，一步一个脚印脚踏实地迎来今天。

他说让他印象最深的一段经历就是上班最初在405-1A工程从事基层工作十几年的那段时光，“那段时间真的……”。听起来是一段无论什么时刻都会让人忍不住时时回想的时光，那段时间留给时光的印记直至现在依然时时闪耀。

谈起自己的经历时，他说：“就是踏踏实实地工作，把工作做好，没什么。”谈起获得荣誉时的感想，他说：“没什么特别的，只是压力更大了，都是自己该做的工作。”可是细看每一步，就会发现这句“没什么”现在回看起来远不如表面上的那么平淡。

潜心钻研技术，学习的脚步从未间断；从来不惧挑战，专业的眼光聚焦发展。李红彦组织参与20余次公司重点科研技改项目，先后荣获集团公司科学技术三等奖和国防科学技术进步三等奖3次，荣获核工业集团公司一等奖2次，技术指导的QC小组荣获“国家优秀QC小组”荣誉称号。2009年度参与完成的《铀贫料事故收料工艺改进》通过国防科级成果鉴定。他本人更是于2012年入选中核陕西铀浓缩有限公司人才库尖端层，2013年获国务院政府特殊津贴。

面对国际核燃料成本显著低于国内的现状，公司积极响应国家号召。在降本增效的路上时刻可见他的身影，他主持的贫料收料系统改造、供料净化及精料收料系统改造项目，年节约运行成本600多万元。国产增压泵组研制投运，仅一套设备就节约费用近百万元。不仅如此，这一研制还使得此种设备不再依靠国外进口，且完全替代国外设备。03C厂房的国产化，更是一个在摸索中学习，在学习中成长的过程。而这其中最成功的要数主机清洗项目了，主机清洗项目在405-1A级联开展，也许是对405-1A级联特殊的感情，让他在这项项目中投注了更多的心血，现在说起来，仍是侃侃而谈，亲自参与主机清洗项目的全过程，面对最后的结果他也是满面微笑，主机清洗最终使得 405-1A 级联分离功提升几十吨，年产值提升“几千万吧”。他淡淡地说，“我们的成果为我们两个兄弟单位的项目实施奠定了基础”，而他最后还说“也没什么，就是应该的”。

长风破浪会有时，岁月峥嵘以兴国。正是此刻身为中流砥柱、中坚力量的他们创造了祖国核事业的开篇，这一句句“没什么”是他们作为离心铀浓缩事业创建者勇挑肩头使命的真实写照。而现在，在他们带领下的新兴一代们更承载着核事业蓬勃发展的希望，应当跟随他们的脚步，响应他们“把自己的本职工作做好”的号召，开拓创新，不断前进，握紧手中的接力棒，为建成具有国际竞争力的世界一流铀浓缩企业奋力迈进。

李淑琴

绽放母爱之光

李淑琴

1936年2月14日，在河北省满城，一名女婴呱呱坠地，按照当时的传统，父亲给了她一个温婉的名字——李淑琴。谁也不曾想过，三十多年之后的李淑琴，成了四〇五全厂员工爱戴的李大姐，孩子口中亲昵的“李妈妈”。

1958年，22岁的李淑琴已经是河北保定制药厂的一名工人，经历过抗日战争和解放战争的她，更加珍惜这来之不易的幸福生活，也比谁都更懂得感恩党的光辉。两年的药厂工作中，李淑琴认真负责，兢兢业业，积极投身到新中国的建设之中，获得过多项荣誉。也正是因为李淑琴的这份勤恳和敬业，在药厂工作两年之后，便来到到了兰州五〇四厂。

五〇四厂始建于1958年，是我国为了发展核工业而建设的第一座浓缩铀生产工厂。年仅24岁的李淑琴踏上这片土地，深感肩上的责任重大，这不仅是党和国家对自己的信任，更是一次前所未有的挑战，自己一定要以百倍的工作热情和努力，为党和国家交上一份满意的答卷。面对以高深和神秘而著称的核工业，李淑琴深感自己目前的能力还不足以胜任。

于是在白天高强度的工作之后，李淑琴利用业余时间，努力学习，积极请教。

1964 年是核工业史上极不平凡的一年，在李淑琴等一众老一辈五〇四人乃至核工业人的努力下，10 月 16 日，当中国第一颗原子弹于新疆罗布泊成功爆炸。消息传来，举国上下，欢呼雀跃。但是李淑琴知道，这只是我国核工业的起步而已，想要真正在国际核工业中名列前茅，还需要更多的付出和努力。李淑琴将自己的想法付诸实际行动，工作中更加一丝不苟，将自己青春中最宝贵的十年全部奉献给了中国核事业。期间，因为工作上的认真负责，她受到领导和同志的一致好评。

1970 年 7 月，时年 34 岁的李淑琴已经是 4 个孩子的母亲，工作之余，还要照顾年迈的母亲，但是随着上级支援建设的号召，李淑琴主动请缨，毅然决然地放弃了现有的安逸生活，独自一人，带着四个孩子和年迈的母亲，再次动身前往千里之外的汉中四〇五厂。在那个生活和交通条件并不便利的年代，李淑琴足足坐了 48 个小时的闷罐车，才终于到达了汉中四〇五厂。然而因为当时的四〇五厂正处在建设的初期阶段，根本没有地方安置李淑琴，但是李淑琴丝毫没有在意，在没水没电的情况下，一家六口在下溢水村寄宿了一周之后，才住进了厂里安排的家属区。

没有过多的休整，安置好自己的母亲和 4 个孩子之后，李淑琴就投入了紧张的工作中。当时的汉中四〇五厂正处于发展和建设的初期，正是时间紧，任务重的时候。很多时候，厂子的职工根本顾不上家里，为了解决这一问题，厂领导决定成立厂区托儿所，为所有的职工解决后顾之忧。

但是托儿所的所长一职一时间成了问题，照顾这么多名职工的孩子，需要的是一个责任心强、心思缜密的人。正当大家为所长人选发愁的时候，李淑琴及时出现在人们的视野中。这名同志的负责是有目共睹的，难得的是她在工作中体现出了女性特有的细腻一面，既具备男同志的沉稳和责任心，又兼具女同志感情丰富和心思细腻。

李淑琴在接到开始建设四〇五厂托儿所的时候，丝毫不敢懈怠，积极投身到托儿所的建设当中。为了给孩子们打造一个舒适安全的成长环境，她脚踏实地，亲力亲为，多次对托儿所硬件设施建设提出了建议。托儿所建成之后，李淑琴无时无刻不牵挂着孩子们的衣食住行，给孩子们的食品，都是她亲自选购的，图的是让孩子们吃得安全放心；孩子们活动的时候，李淑琴时刻不敢离开，怕的是有孩子不小心受伤；孩子们回家之后，不管多晚多累，李淑琴都要认真彻底地进行消毒和清扫，为的是让孩子的生活环境干净整洁。在李淑琴的努力下，厂里的职工没有了后顾之忧，全心全意地投入到生产建设中去，而李淑琴，也被评为洋县卫生先进个人。李淑琴曾经说过，从 1970 年到 1985 年，是自己最骄傲的十五年，不仅仅是因为这十五年中，厂里职工都亲切地称呼自己为李大姐，孩子们都叫自己李妈妈，而是因为这十五年中，自己照顾的孩子没有一个生病的。

悠悠韶华转瞬去，含辛茹苦十五年，对于国家核工业的发展，李淑琴用自己的青春，在平凡中书写出了伟大；对于孩子们，更是以自己的母爱，在黑暗中照耀他们前行。正是因为有李淑琴这样无数美丽陕铀人，才有了如今的陕铀公司；也正是因为陕铀人的无私付出和辛勤，才能够为我国核工业发展提供不竭动力。

李　洲

内心有英雄情结的人

李　洲

1989 年 7 月，从小跟随父母到四〇五厂的李洲大学毕业后，就入职四〇五厂计控站从事热工仪表的计量和检修工作，由于工作成绩突出，很快被委任了工段长。入职三年后，当时的四〇五厂鼓励车间走出去为厂里增效益，李洲所在的第八车间开拓思路率先而动，承包了渭南一家化肥厂的工程安装项目。一天，车间领导找到李洲："工程到了最后攻坚期，任务艰巨，你是否愿意去？"刚结婚 1 个月的李洲想都没多想便一口答应。作为业务骨干，在渭南的几个月里，李洲勇担责任、严格要求，高效完成了仪表组的安装任务，为工程顺利完成作出了重要贡献。当身边的同事都在以他为榜样时，他也被身边党员同志默默奉献、攻坚克难的工作作风深深打动，工程结束后，便递交了入党申请书。

紧接着，四〇五厂迎来了引俄项目，由于工作中表现优异，李洲与一批技术骨干一同被派往俄罗斯安加尔斯克进行为期一个月的技术培训。培训期间，俄方组织中方人员游览贝加尔湖，那是 1995 年 11 月，俄罗斯已入寒冬，室外温度几近零下二十度。游览途中，同行的俄罗斯人轻车熟路地跳进湖中游泳，还问："你们中国人有谁敢下来？"年轻气盛的李洲听到对方略带挑衅的问话，毅然跳进了冰冷的湖水中。后来，提起这段往事，李洲依然十分感慨："虽说从小就会游泳，但没想到水会那样刺骨的冷，当时也不知道哪来的勇气，应该是内心的一种中国人自尊心吧，就想着不能让俄罗斯人看低我们！"第二天，俄方的工厂里就传开了：有一个中国小伙子很勇敢，他是英雄。在俄罗斯这个崇尚英雄的国家被称为英雄，李洲为赴俄学习的中方团队赢得了荣誉和尊重。1995 年 12 月，李洲正式成为一名共产党员，距离他刚参加工作刚好六年。

一个内心有英雄情结的人，一定是有着使命和担当的人。2003 年，三大公司成立，从担任离心公司办公室综合管理科科长到人力资源部人事科担任科长，再到主任助理、副主任，时间已来到 2017 年。平日里，李洲最爱看的依然是那些讲述英雄的老电影、老电视剧，只觉得百看不厌。

2017 后，李洲开始从事组织人事工作，成为一名党务工作者。他始终秉承着公正公平、对党负责的工作态度，时常说："把工作做好，就是最重要的。"踏踏实实做事、踏踏实实做人、不计较个人名利、不计较个人恩怨是李洲在工作中恪守的原则。对于曾经获得的荣誉，李洲表示无论大小都不记得了，他认为荣誉都是过去时，是对过去工作的肯定，重要的是做好当下的工作，更重要的是在以后更加努力。

干在实处，是李洲作为一名共产党员润物无声的行动。

作为党员个体的初心就是要为人民负责，个人的初心要与党的初心高度一致、高度统一，为党为国家作出自己应有的贡献，就值得！谈及个人价值的发挥，李洲认为自己的工作能力在曾经的四〇五厂和现在的陕铀最大程度地得到了发挥，而对于工作中取得的成绩，他的态度风轻云淡，只是感恩幸运于时代，赶上了陕铀发展的重要节点。

与很多核工业家庭一样，身为“核二代”的李洲幼年时也曾跟随父母多地辗转，跟随着国家核事业发展战略的转变，亦步亦趋。一路从甘肃到四川再到陕西，从父辈那里继承的对核工业深厚的情感与薪火相传的核工业精神最终内化为一体。所以，他这样鼓励青年：陕铀公司虽然工作环境上与大城市相比没有明显优势，但是希望陕铀的青年能够更多地心怀国家，更多地关注国家的战略视野，贡献一份青春的力量。可以在未来的某一天，回望岁月，凭着个人奋斗的足迹与国家、与时代发展的脉搏相通而无比骄傲自豪。所以，他心系陕铀的未来：未来的陕铀要在“十四五”筹谋更大的发展，同心多元高质量发展，做强做优做大，继续扩大产能、扩大规模。如果新产能落地，自己又能赶上，那么职业生涯便无憾。

张志林

从群众中来到群众中去

张志林

张志林，1965 年 7 月出生，陕西城固人，1985 年 7 月参加工作，1991 年 3 月入党，现担任中核陕西铀浓缩有限公司纪委副书记、纪委办公室主任兼党委巡察办公室主任、党支部书记。

工作之前他在陕西省化工学校化工分析专业学习，参加工作后被分配在中央分析室，结合自己所学专业，他在工作中严格要求自己，兢兢业业，关心职工，帮助解决实际问题。2005 年，他担任辅助工艺运行车间书记，得知部门内一名职工的孩子车祸受重伤，他及时赶到汉中医院进行看望，帮助解决一些具体问题。由于治疗难度大，费用比较高，车间党支部研究决定，在全车间发起倡议，号召职工为孩子治疗捐款。车间职工积极响应，踊跃捐款，帮助这位职工解决了看病费用高的难题，全车间职工在他的领导下团结友爱，互帮互助，共同解决难题。

在 405-1C 工程建设之前，公司明确要求在不增加人员的情况下，要完成新工程的建设、运行、维护工作。辅助工艺运行车间原来所管理的405-1A工程各系统（制冷、空调、压空、水处理、空分等）点多，面广，比较分散，运行人员只负责各自岗位设备的运行维护，对其他系统运行维护并不了解。而新工程建成后，系统集成度和自动化程度较高，对运行人员的要求也更高。为了运行人员适应新工程的要求，确保新工程建成后安全稳定运行，他与车间其他领导决定开展运行人员交叉培训，打破岗位界限。他主要负责车间培训工作，落实全员培训实施工作，经过近两年的岗位融合培训，确保了后续的405-1C工程、405-2工程、示范工程辅助系统对运行人员的要求，保证了安全稳定运行。

在405-1C工程建设期间，辅助工艺运行车间承担了从俄方进口的工艺厂房冷却水管道的刷漆任务。为此车间组建了20多人的施工队，专门负责管道刷漆工作。从拆箱、拆螺母、取垫片、刷漆、转运到工艺厂房，全部由施工队负责。刚开始施工队的进度基本能满足工艺厂房安装的要求，随着大量管道的到厂，安装工作加快，施工队的任务加重。为加快进度，他主动带领车间领导班子成员及车间管理科室的同志们积极加入施工队中，进行管道的拆箱、拆螺母、取垫片、刷漆、转运等工作。大家分工协作，顶着烈日，加班加点，没人叫苦，没人喊累，施工进度突飞猛进。经过一周多时间的突击工作，完成所有冷却水管道的刷漆转运任务，工期提前一个多月完成，确保了工艺厂房安装的顺利进行。

丰富的基层经历让他走上了领导岗位，他勤勤恳恳、任劳任怨、不计得失、甘于奉献的品行，得到了组织、领导和职工群众的认可，并多次获得公司、核服务局“优秀党员干部”等荣誉称号。

2012 年他担任公司纪委副书记，在工作、学习和生活中，从不摆架子，什么时候都是一副和蔼可亲的笑脸。但是面对违法乱纪的事情和现象，对待不讲规矩、不守纪律的人，他敢于坚持原则，坚决抵制和严厉批评。

张　涛

离心铀浓缩事业起步的见证人

张　涛

中国离心铀浓缩事业从陕铀起步，必将从这里发展壮大。在离心铀浓缩起步壮大这一过程中，中核陕铀有这么一批人，他们一辈子都在和工艺与产品打交道，一辈子的青春与才华都奉献在了陕铀这片沃土，用初心与汗水浇筑了陕铀发展的基石，张涛就是这其中的一位。

铀浓缩事业的探路者、开拓者

他是探路者，探索中国离心铀浓缩事业的建设，见证核工业伟大建设的征程。他也是开拓者，作为四〇五厂的首批值班主任，张涛回忆描述，那时候的主要任务就是学习和摸索。在这一过程中，他们遇到了一批老工程技术人员：贾金铎、彭福临，他们可都是王承书的学生。每提及此，张涛的脸上总是溢满了喜悦和骄傲。

“还有陈世芳、袁润芳等大师，我们的师傅都是非常厉害的人，不善言谈，可能这也是工程单位技术人员的共性吧。”张涛说，“通过和他们三年多的学习，我学到了许多书本之外的经验，能够让我们这些人从懵懂少年成长到独挡一面。离心铀浓缩工艺的起步与探索就是站在这些巨人的肩膀上的，我的成绩和他们比微不足道。”

“功成不必在我，功成必定有我。”张涛始终怀着最朴素的服务心态，见证着，参与着，只因核工业无小事，永在新起点。由于是国内第一批离心铀浓缩商业化应用，作为值班主任的张涛深知责任重大，每次上班前都在家里和路上想着今天的工作安排，当班期间时刻关注系统变化，因为每一次的故障、每一次的处理都是对离心铀浓缩工艺的探索与积淀。张涛说当时的工作和生活是分开的，大家对新系统新工艺的求知欲和肩负的四〇五厂前途命运的重大责任完全占据了我们这些人的全部。因为只有搞好离心法，以后四〇五厂才会有活路，才会有希望。

铀浓缩产品交付的参与者、见证者

对老一辈核工业人来讲，报效国家是不求任何回报的。1995 年因为工作的需要，张涛离开了值班主任的岗位被调往质量部，这次工作的转变更使他对自己所从事的离心铀浓缩工艺有了更加全面细化的了解，以往的工作只是注重生产，而现在更是对整个铀浓缩工艺产品的全面把控。“知难不难，事不避难”，敢于在错综复杂的矛盾中，迎难而上，挺身而出，这是一种责任、一种自觉、一种境界追求、一种人格修养，更是一种拼搏的意志、奉献的品质。

他从离心工艺的探路者、开拓者变成了离心铀浓缩产品交付的参与者、见证者。一路走来，守正创新，精业笃行。从产品原料的采购、生产过程的控制，到产品的理化分析和容器的使用与故障处理，张涛说为了一整套流程的编制和完善，他和他所在的团队付出了太多的艰辛与努力。当时由于是离心工艺的首次规模化商用化应用，质量控制这里好多都是空白，以往的技术性资料只能是参考，外方的技术性文件对我们也是保密的。没有办法，他只能和所在团队一起从头摸索梳理，一点一滴通过现场积累与管理创新，不断和产业游上下方沟通，经过两年多的努力，建立起国内首批离心铀浓缩工艺的质量规范。同时，他也积极带领团队对用户回访，以此不断改进公司产品质量，并在生产环节中提出改进措施，督促落实改进项，经过不断地自检，使整个离心工艺法产品达到了高质量的良性循环。

一代人有一代人的使命，一代人有一代人的担当。走过50多年峥嵘岁月的中核陕铀，在老一辈核工业人的开拓进取中不断实现新的梦想、书写新的荣光。一路走来，“两弹一星”精神和“四个一切”核工业精神被擦拭得熠熠生辉，并不断注入新活力，赋予全新时代色彩，指引着后来人前行的步伐。

胸有凌云志，心怀党恩情

“生在旧社会，长在红旗下。”这是以张涛为代表的一代人经常说起的一句话。可能年轻人听来平淡，但对于他们，却有着极其深刻的意义。

我是党培养的人，我要把自己的一生奉献给祖国的核事业，为祖国的发展进程贡献自己的一丝绵薄之力。

付出总会有回报，1996 年，张涛和他所在的团队见证了四〇五厂自 1969 年建厂以来交付的第一批产品，他说这里面有太多的艰辛与付出，他只是众多参与者、见证者之一。

事业由磨砺而出彩，人生因奋斗而升华。心怀“国之大者”，才能立大志、明大德、成大才、担大任。张涛一直在质量处任职直至退休，期间主持参加陕铀 405-1C 引俄工程、405-2 工程、示范工程的质量工作，他用所学带领团队和后来者不断提升公司质量工作，夯实质量管理基础，他用自己的行动诠释责任与担当，演绎了一个完美的工作人生。

大风泱泱，大潮滂滂。百年大党初心如磐，亿万人民使命在肩。时间属于奋进者！历史属于奋进者！

张裕华

听党话跟党走

张裕华

1964 年 10 月 16 日 15 时，在我国西部地区新疆罗布泊，中国第一颗原子弹爆炸成功，中国终于迈进了原子核时代。这离不开一批自力更生、艰苦奋斗、科学务实、团队协作、无私奉献的核工业人，他们响应党和国家的号召，从五湖四海而来，走入茫茫戈壁滩，投身西北工业建设，张裕华就是其中的一员。

当时我国的原子能事业刚刚起步，仅仅在兰州存在一座铀浓缩工厂，党和国家计划成立新的铀浓缩工厂，如何选址就成了一个难题。张裕华跟随筹备建设组先后前往兰州、新疆。1969 年，中国核工业集团四〇五厂正式选址陕西汉中洋县，张裕华和筹备组终于结束了漂泊的日子，正式有了一个稳定的驻地。

“刚过来的时候连驻地都没有，我们都是住在老乡的家里，都是大通铺，有个能躺下的地方就足够了。”回忆起往事，张裕华就有说不完的话，“刚开始我们要先建住房，总不能一直住在老乡家里。房子最开始建在现在的厂区里。不像现在又是铲车又是吊车的，那时候全靠人力，水泥沙石也都是靠人抗过去的。”张裕华话中有些情形是现在的我们无法想象的，住的条件恶劣仅仅是一个方面，在工程建设的重体力劳动情况下，还没有足够的粮食填饱肚子。在今天，黄豆是原料或者偶尔的零食，但是在20世纪70年代它是张裕华靠国家特拨才能吃上的美味佳肴。

当被问起条件如此恶劣为什么还要坚持建设的时候，他说：“我入党时间比较早，开始的时候就是响应党的号召支援西北建设，后面更是听党的话跟党走，党让我干什么我就一定要干成什么。”在张裕华的心中，将他从旧中国的压迫和反抗中解放出来的中国共产党就是指路的明灯。

时年87岁高龄的张裕华如今依然以“人虽然退休，但是思想永不退休”的高标准要求自己，在自己组建的核艺术团中继续发光发热，也将与艺术团一起继续“听党话跟党走”。时间见证了张裕华的坚持，中国核工业于苦难中启航，一位位如同张裕华一样的党员同志们将“听党的话跟党走”七个字牢牢刻在血脉中，为这艘大船建成了蔽日的风帆，他们将与时间共同见证在党的指引下中国核工业的扬帆远航、国家的发展壮大、民族的伟大复兴。

张翠莲

余热也要闪光

张翠莲

“莫道桑榆晚，为霞尚满天。”在中核陕铀社区里有这样一位退休职工，她用行动践行“余热也要闪光”，她就是退休党员、第五党支部书记——张翠莲。她退而不休，寄情陕铀，乐于奉献，用自己的实际行动为中核陕铀社区谱写了一曲老有所为、造福社区的和谐乐章。

落红不是无情物，化作春泥更护花。张翠莲加入社区服务团队时曾经说过：“现在退休了在家也闲不住，能担任楼长为大家服务，也算发挥了自己的一点余热。作为一名党员，应时刻想着为大家服务，能帮到大家我心里也十分高兴。”

腿脚麻利热心肠，修己惠人不言中

“一名党员一面旗，党员奉献在陕铀”，这是对张翠莲身退志不退、热心为社区居民服务的生动写照。自 2002 年退休后，张翠莲就加入了社区的居委会，2019 年被大家推选为 53

楼楼长。

近年来，随着国家对企业“三供一业”改革步伐的加快，中核陕铀的“三供一业”改革也提上了日程。社区改造初期，由于政策宣传不到位，部分居民对这项改革工作心存疑虑，一度进展放缓。作为楼长，张翠莲看在眼里、急在心头，她积极配合公司耐心地做所在楼居民的思想工作，讲清“三供一业”改造能给大家带来的好处和实惠，同时向大家宣传国企解决历史遗留问题的重要性和紧迫性。在那段日子里，无论在楼头公园、还是在铁路菜市场，哪里有疑惑，哪里就有她向大家答疑解惑的身影。有时为了解开个别居民的思想疙瘩，她就不厌其烦地多次登门到居民家中了解诉求、促膝谈心。面对一时心存不解的居民，她就动员其身边的亲属朋友来做其思想工作，使其逐步认识到：“三供一业”改造工作是国家惠及民生的政策，对大家是有利的。就这样，张翠莲不知为群众办了多少个看似鸡毛蒜皮的家长里短邻里的小事，有人不解地问她：“你这样不图名不图利到底图个啥？”她微笑着回答道：“作为一名退休的党员，能尽自己所能为邻里群众做点事，是我作为一名退休党员应尽的义务，如果我的付出能赢得邻里和睦、社区和谐，我就满足了！”

一张张蓝图成为现实，一幅幅画卷徐徐展开。在为期三年的“三供一业”改造期间，张翠莲每次都把社区的宣传材料挨家挨户发到片区居民手中，而不是把宣传材料夹在邻里的门缝而一走了之。这样，可以确保社区居民能够及时了解国家的相关政策，同时可以面对面地为群众讲解国家的惠民政策。

“社区的宣传材料对居民都是有用的，如果夹到门缝中容易被大家当成小广告，大家回家看到也会有抵触心理，就没有心思看这些材料了。”张翠莲说道。

由于楼里面住的大多数年轻人，白天上班，晚上才会回家，张翠莲每次发放材料都是从顶楼开始，一层一层发到一楼。有时候遇到有些居民家中没人，她就会记下来，第二天晚上接着再去发，有时候发一次材料需要两三天才能全部发放到位。时间久了，大家也都认识了张翠莲，大人小孩见了张翠莲都亲切地跟她打招呼。

“白天大多数家里都没有人，只能晚上发给大家，刚开始当楼长给大家发材料的时候，居民很多都不开门的。后来我一边敲门一边喊，大家听着是女同志敲门才会开门，时间久了以后，大家也都知道有我这么一个楼长，发材料才轻松了。”张翠莲笑着说。

站好楼长这班岗，齐心协力战疫情

2020 年初，新型冠状病毒在全球蔓延，自中核陕铀党委全面部署疫情防控工作以来，张翠莲得知社区工作人员不足，就自告奋勇报名加入疫情防控队伍。从 2 月 1 日“上岗”开始，张翠莲每天 8 点半准时到岗，下午 6 点左右才回家。期间一直在楼下对进、出社区的陌生人进行登记问询，并对外来车辆进行上报，配合摸排外地车辆及外来人员情况，降低病毒传入社区的风险。

“只要用心、用情，真诚地去做事，办法总比困难多。”张翠莲说，“起初，家人们担心我年龄大了吃不消，不让我去，但是在我的坚持下，他们最终还是支持我的，因为家人们知道我的脾气，作为支部书记，一定要发挥老党员的余热，当好榜样引领新风。”一个人的力量也许是有限的，但是乘以14亿，就能够汇聚成战无不胜、一往无前的磅礴力量。

“老李，我们来登记你家的信息，最近家里有没有人外出过，或者有亲戚从外地回来?”这是张翠莲配合社区疫情防控工作期间的工作语言。

凭借对所在楼居民家庭成员情况了如指掌，疫情期间张翠莲配合社区和公司高效、精准地开展了人员核查工作，及时在微信群里向大家宣传政策和法规，有时为了配合社区防疫要求，她总是苦口婆心地上门劝说从外地返家人员做好居家隔离。正是有她这样一批同志的无私奉献，才使社区有效地控制了人员流动，减少了疫情的传播风险，缓解了社区工作人员不足的压力。复学复工时，张翠莲作为楼栋长，全力做好复工复学人员的健康服务管理工作，并且按照公司、社区部署，挨家挨户地发放防疫物资，并根据掌握的实际情况，对提交健康通行码的居民当面核验信息，签字盖章后再上报社区审批；对已返岗居民，也不忘随时做好健康跟踪登记工作，确保防疫、复工两不误。

积力之所举，则无不胜也；众智之所为，则无不成也。

美好生活不会从天而降，宏伟蓝图不会自动成真。征途漫漫，唯有奋斗。用张翠莲的话来说就是：“我就是闲不住，那还不如服务大家做些事，溜溜腿脚才能长寿。对我们党而言，群众始终是最深的眷念，党的根基在人民、力量在人民、血脉在人民，党为人民而生、因人民而兴。作为一名从基层成长起来的干部，更不能忘记自己从哪里来、要到哪里去。”

陈华云

红色党徽镌刻于心

陈华云

党组织就像一座“高楼”，每一位党员同志都像“高楼”上的一块红砖，虽不起眼，却不可或缺。这座“高楼”上就有这样一位年轻的老党员，没有什么轰轰烈烈的事迹，却始终在用自己的一言一行为大家做榜样，以共产党员的高标准严格要求自己，时时刻刻都在为党旗增光添彩，他就是陈华云。

陈华云，中核陕西铀浓缩有限公司分析计量部的党支部书记，一位多年在基层组织从事党务工作的普通工作者，多年繁琐的工作并没有磨灭他心中的光和热，他依旧怀着满满的正能量大步向前。

业精于勤荒于嬉，立身以立学为本

“要多学习”，简简单单四个字，却不是每个人都可以做到。陈华云做到了，“不管在干什么，只要有空闲时间我就会去学习关于党的十九大及各次全会精神，学习习近平新时代中国特色社会主义思想和党史、新中国史等相关知识，给自己充充电、补补钙，壮壮骨，只有这样才可以一直保持良好的‘战斗’状态，不断坚定自己的理想信念。不一定非得要去进行专门的学习，每天在生活和工作闲暇时都可以使用手机看看时事、听听新闻，了解国际国内、党内党外的大事要情。”他是这样说的，也是这样做的，这个习惯他一直坚持了十几年。

务实做事行不怠，踏实做人谨初心

“踏踏实实做事，实实在在做人”，陈华云的工作信条就是这样简单又朴素。他说：“作为普通党员的我们，更多的是处于‘平常时候’，在‘平常时候’的‘平常工作’中，要时刻干在实处、走在前列，要让普通职工群众能通过你的一言一行就看得出你是一名共产党员，身上流淌着‘红色’的血液。”从容之人，平和、恬淡、自信、安逸，不急不慢、不躁不乱、不慌不忙。路有曲折高低，人有悲欢离合，以平和的心态面对一切。闲看天边云卷云舒，笑看庭前花开花落，踏踏实实做事，实实在在做人，大度看世界，从容过生活，践行“一生一世”入党的准则和目标。

奋楫前行映党辉，勇立潮头照党旗

在陈华云的回忆中，他提起了当年汶川地震时的情景。那时孩子还小，本应成为家里顶梁柱的他，却在地震来临的第一时间接到了援助地处地震中心地带兄弟单位的任务。那一刻，他已然顾不上照顾家人，冒着余震频发的危险，带着人不分昼夜四处寻找、购买食品和饮用水等救援生活物资，并连夜装车给兄弟单位送去。看见一车一车的救援物资被送走，听到返回人员描述兄弟单位职工看到物资时的兴奋和激动，他的内心充满了欣慰和幸福。他淡然地说道："那时情况紧急，全国都在抗震救灾、共度国难，自己能出一份力，也是作贡献。"是啊，那时他可能并没有想太多，也没有豪言壮语，但他的行动绝对配得上胸前那枚鲜红的党徽，配得上共产党这个光荣的称号。

红色党徽镌刻于心，敦本务实奋楫笃行

"身为党员，我们更应该认真对待自己的每一份工作，万万不可以因为一件事很微小，就忽视它；也不能因为一件事有难度，就去搞面子工程。面对每件事，都应该投入自己百分之百的努力，这样才不会给自己留下遗憾。"就是这样一位

年轻的“老”党员，没有什么豪言壮语，也没有什么惊天事迹，却一直在平凡的岗位上用实际行动践行着一个基层党务工作者的担当与责任，践行着一个共产党员的初心与使命。用自己的真情付出诠释着共产党员的先进性，以“生而热忱，终也欢洽”的积极态度和“初心如磐，笃行不辍”的使命担当为中国共产党建党100周年献礼。

陈建杰

奋斗正当其时

陈建杰

雄关漫道，任重道远，奋战正酣，踌躇满怀。“斜杠青年”是当今社会的热词，是现今领导干部的要求和目标。一专多能、一岗双责等无一不是党员领导干部能力要求的体现。看似寻常最奇崛，成如容易却艰辛。在我们身边就有这样一位，他先后从事辐射防护技术、安全技术、监督检查、质量管理、综合保障等工作，无论在何岗位，始终以高昂的工作热情和进取的态度，全身心地投入到工作中去，为公司的发展倾注着满腔的热血，他就是陈建杰。

初心凝聚力量，使命催人奋进

在守初心中铸忠诚，在担使命中显风骨。1995 年 7 月毕业于中南工学院核技术专业，同年参加工作，1997 年 6 月加入中国共产党，高级工程师。他求真务实、锐意进取，在工作中思维活跃，善于理解新事物，工作热情高、干劲足，开拓意识强。同时，他谦虚好学、为人随和、善于思考。默默无闻，任劳任怨，讲求实效亦是他一贯的作风。陈建杰始终以志不求易的态度，事不避难，勇立潮头，用旗帜引领方向，用号角振奋精神。

平凡书写伟大，实干笃定前行

凭着认真负责的工作态度，他不断迎接新的挑战，在每一个岗位，每一项工作上，发挥自身主观能动性，克服人员不足、资源不足的现状，冲破重重困难，深入透彻地观察和分析问题，细致地研究问题，抓住主要矛盾，认真谋划应对措施。

使命需要担当，实干成就未来

凭着在工作中日益积累的工作经验，他始终站在公司精益发展的高度，谋划自身的各项工作，兼顾自身的成长和发展。理清思路、开阔眼界，强化管理，充分协调各方面资源，创造性地处理实际工作问题。

一步一个脚印，一年一个台阶。他工作踏实，作风正派，具有强烈的事业心和高度的政治责任感，一心扑在工作上，工作有方法，处事讲原则。他勤奋敬业，公仆意识强。在解决问题过程中，坚持超前性，把握准确性，注意针对性，讲求实效性，做到问题准、资料新、层次深，分析问题轻重缓急，最大限度地解决问题。

蓝图已经绘就，扬帆正当其时

常想立身之本，既要有本事，还要守本分。他忠诚于党，参加工作以来，始终以真情的付出、踏实的工作书写着一名基层中共党员朴实而绚丽的篇章。即使工作繁忙，也无怨无悔，不喊苦、喊累。

雄关漫道真如铁，而今迈步从头越。26 年耕耘路，26 载奉献歌。陈建杰一如既往地行走在工作路上，工作平淡无奇，行为质朴无华。他的事迹谈不上惊天动地，他的故事也未必能催人泪下，但他拥有中共党员的政治自觉性，始终对自己高标准、严要求、忠于职守、尽职尽责，积极发挥着党员的先锋模范带头作用。

蓝图已经绘就，目标振奋人心，奋斗正当其时。追求崇高，立志才能立业；珍惜岗位，吃苦才能吃香；脚踏实地，有为才能有位；心系群众，服务才能服众；认清自我，自省才能自励。栉风沐雨见肝胆，砥砺奋进续华章。陈建杰用自己的行动，在岗位上闪耀着鲜活的魅力，奉献着不平凡的核事业心。

陈维宏

期望未来更美好

陈维宏

陈维宏的父亲是一位老党员，20 世纪 50 年代放弃了上海优渥的生活，响应组织号召积极投身到祖国核工业建设中。见识过了甘肃的风沙、新疆的戈壁、湖北的江河，辗转多年后，于 1973 年，来到了当时的四〇五厂。在陈维宏的记忆中，父亲工作勤恳努力，多次被组织表彰。从小受家庭环境影响、受父辈的教育，红色的种子便在陈维宏的心中扎了根。

1983 年，陈维宏参加工作，进入四〇五厂第六车间从事检修工作。车间里一位老同志给年轻的陈维宏留下了深刻的印象。老同志是位知识分子，但因为种种原因，入党的愿望始终未能达成，但他却几十年如一日的保持着对党的忠诚，寻求各种方式积极向党组织靠拢，直到退休前这位老同志才如愿加入了中国共产党。陈维宏被这位老同志的坚守和初心深深打动，内心对共产主义信仰又增添了一份坚定。

1995 年，工作调动，陈维宏调入公司招待所，从事的依然是维修相关的工作。因为勤恳踏实、严谨仔细的工作态度，陈维宏时常受到单位领导表扬，身边的同事也以他为榜样。

1996 年 9 月 18 日，陈维宏光荣入党。

1998 年，公司成立了社区管理办公室，陈维宏任行政科科长。社区管理办公室的工作纷杂琐碎，每日要面对的是社区上千住户的基本生活问题。前来咨询、办理业务的人络绎不绝，陈维宏始终秉持着为群众尽心服务、尽力解决困难的宗旨，不分任务的轻重，认真对待每一项工作。

2003 年，陈维宏重回公司招待所，任职接待科科长。行政后勤是企业形象得以对外展示的窗口，做好这份工作实属不易，一个微小的错误就可能使公司形象受到影响。2003—2013 年，是公司发展的重要时期，当时与外方合作新建了项目，驻厂专家最多时达百人。一方面要为专家在厂的生活、工作做好后勤服务，另一方面也要时时注意言行举止掌握对外沟通的方式方法维护好公司形象。在这 10 年里，陈维宏的工作里几乎没有了时间概念，有任务就上，有工作就干，有矛盾就积极解决，任务重加班多，他从来不计较。陈维宏认真负责、踏实肯干的工作态度最终受到了组织的认可，2010 年，他荣获集团公司“优秀党员”荣誉称号。

2018 年调入工程管理部后，陈维宏开始从事安全监督管理工作，期间还参与了对陕铀公司意义重大的新一代铀浓缩离心示范工程建设。做安全监督管理需要绝对的认真仔细，工程管理过程中出现任何一个小的安全隐患都对整个工程项目有重大影响。面对工程建设中各个分项的施工队，陈维宏不厌其烦、一遍一遍地做安全指导和监督。

在同事眼中，陈维宏是个热心肠，无论工作上还是生活上，只要有问题，找陈师傅准没错儿。因为这一份热心肠和工作中的严谨细致，陈维宏被推选为业委会代表负责公司老旧社区改造工作。频繁出差、与各方协调解决问题……对此，陈维宏说：“只希望利用退休前这两三年的时间，认真做好本职工作，立足岗位，能多干就多干点。”

在近 40 年的从业经历里，无论从事任何工作，陈维宏都保持着一份对国家、对核工业的初心。谈及自己对工作的态度，陈维宏说：“做好领导交代的每一项工作，工作不分大小，每一项都要认真完成。作为核工业人，能身为这样企业的员工我内心感到很骄傲。奉献，谈不上，我想我们陕铀大多数人都是这样一步一步走过来的，也期望我们陕铀有越来越好的未来。”

邵凤英

一颗闪光的“螺丝钉”

邵凤英

我国的各行各业都有那么一群人，勤勤恳恳数十年，却能几十年如一日去钻研一项看似很普通、很枯燥的事，将看似简单的事做到精益求精，还有近乎偏执的要求，长期坚守，始终维持这种状态，从不动摇。他们就如小小的“螺丝钉”，看似微不足道，但就是这样兢兢业业的一群人，共同创造了如今的盛世中华，邵凤英就是这样一个人。

她兢兢业业、踏实肯干，干一行、爱一行、精一行，就像一颗永不生锈的小小“螺丝钉”，在平凡的岗位上默默奉献。

踏实肯干，吃苦耐劳

“在第二车间工作期间，那时公司正处于新旧工程更替时期，需要拆除旧厂房，修建新厂房。由于工程要求，旧厂房非常结实，混凝土强度很高，更别说里面还掺杂了高强度的钢筋。那时就是男同志女同志一起上，戴上公司发的草帽，拿上榔头，将推倒的混凝土块砸开，回收里面掺着的钢筋。那些扒出来的废旧钢筋歪七扭八的堆着，像小山一样高。后面为了能更好地回收，还要将其砸直，每人每月最少都要砸直180米的钢筋。”这是邵师傅初期的工作任务，极其艰苦，但她丝毫不畏惧，兢兢业业做事，踏踏实实干活。在她看来，这段时光虽然苦，但是很磨炼人的意志和精神，令人难以忘怀。

工作多年来，她几乎没有请过假，每月公休一两天是常态，碰到任务紧急时，白加黑、36小时、48小时连轴转更是家常便饭。一次工程建设中，她连续上班20多天，加之感冒不适，便休假回老家，可休假的第一天就接到厂里的电话，需要赶生产进度。接到电话她立即驱车100多公里返回厂里，直到凌晨一点才下班。在家里刚躺下不到半小时，电话又响起，她一骨碌又爬起，穿上衣服拿起钥匙就走，几十个小时连轴转。领导同事看到她苍白的脸庞，都劝她下班，但她放心不下工作任务，仍然坚守在作业现场，直到干完了活才肯下班回家。

攻坚克难，砥砺前行

“干工程，看着党员同志们都在带头，我就有了入党的想法。那时新厂房已经基本建好，主要工作是铺设电缆、安装设备、焊接插头、测试通道等。同样的，工作中也不分男女老少和领导群众，大家都是一起上，不分彼此，都在为了新工程的安全平稳运行而努力着。”也正是在这期间，身边的党员突击队、青年先锋队深深地激励着她，由此她坚定了入党的信念，于2004年正式成为一名共产党员。此后，她时刻以党员的高标准严格要求自己，凭借着对中核陕铀的挚爱，一步一个脚印，从一名普通的职工，逐步成长为生产骨干。

邵师傅最喜欢的一首小诗是屠格涅夫的《门槛》。她说，这首诗是她在入党时在支部党员大会上表态发言时读的。在她看来，她就是诗里面的姑娘，对即将到来的一切都“知道”，并“准备好了”；对于来自更深一层的亲人朋友的痛苦和打击，也能“忍受”；甚至于无名的牺牲，没有一个人会尊敬地怀念，但无论如何，她还是要走进这“革命”的“门槛”。

兢兢业业，无私奉献

后来，由于国家要求相关企业必须取得保密资质，因此公司需要进行保密资格认证相关的工作，于是邵师傅去了新成立的保密处负责与保密相关的工作。工作期间，邵师傅认真负责，在她眼里看到了不一样的责任和义务。以前在车间里，个人的行为只会影响到个人甚至周围的人或事，但是到了保密处后，所有的言行举止都会影响到全公司或者整个系统的方方面面。由于保密资格认证也是刚刚开始施行，大多数人都是朴素的、自发的保密观念，没有一个相对标准的、统一的、严格的保密观念，因此保密工作相当难以推行。邵师傅和同事们就从保密工作的方方面面抓起，制订相关保密守则，完善保密制度和信息系统保密工作，将公司里所有的办公自动化设备建立台账，贴标签，落实管理责任人，使之得到妥善管理。邵师傅对自己的工作特别珍惜，做起工作来一丝不苟，不敢松懈半分，任何事都是对事不对人。公司内部有哪个车间保密检查没过就是没过，相应的奖惩也是毫不犹豫地执行到位。以至于到现在，她换了新岗位之后有时候回到车间里，同事们还以为她又来进行保密检查。因保密工作做得出色，她多次获得集团公司保密工作先进个人荣誉。

志存高远、脚踏实地、求实创新、鞠躬尽瘁，这就是邵凤英。几十年的风雨历程，她不断创新求变、超越自我，用执着和拼搏，谱写出一曲曲优美的乐章，为企业的发展默默奉献。她说："积极生活，昂然奋进，专注脚下的路，将自己的每一步走好，在平凡普通的岗位上也会闪闪发光。"

武世英

退休不褪色

武世英

雷锋有句话说得好："要把有限的生命投入到无限的为人民服务当中去。"武世英，作为一名普通共产党员，始终把"为人民服务"作为自己的出发点和落脚点，即使在离开工作岗位之后，仍然能够保持和发挥党的优良传统，做到与时俱进、退而不休。

武世英于 1974 年 12 月下乡，1975 年入党，1977 年被分配到四〇五厂工作。几十年如一日的辛勤工作，他用自己的实际行动诠释着共产党员先进的内涵。

参加工作以来，武世英始终严格要求自己，把努力工作作为自己的准则，把作风建设的重点放在严谨、细致、求实、脚踏实地埋头苦干上，做到了干一行、爱一行、专一行，具有很强的责任感、服务意识和协调能力。

武世英工作中始终保持端正的工作态度，严守工作纪律，不骄不躁、扎实肯干，工作主动积极。面对工程检测工作，武世英不怕事务杂、任务重，做到了"眼勤、嘴勤、手勤、腿勤"，以高度的责任感、使命感和工作热情，积极负责地开展工作。同时，武世英严格遵守公司制度和党的纪律，维护了企业的良好形象。

武世英虽然已经退休了，从工作岗位上退下来了，但武世英与核事业有着深厚的感情，他非常热爱核事业。“春来秋去。往事知何处？燕子归飞兰泣露，光景千留不住。”回首武世英几十年的工作，他做到了无条件地服从组织分配，积极努力，认真负责。“敢同恶鬼争高下，不向霸王让寸分”，在作风上，武世英始终保持党员先进性，积极弘扬社会主义道德风尚，遵守社会主义道德规范，具有很强的为人民、为党、为社会的服务意识和责任意识。他严于律己，始终维护单位和领导的良好形象，从不做不利于单位的事。他爱护公共财物，始终勤俭节约，从不铺张浪费。武世英做人，就像小葱拌豆腐，清清白白走四方。

雷锋同志曾说过，“共产党员是块砖，哪里需要哪里搬”。武世英就像钉子一样，在任何岗位上都不生锈，闪闪发着光。武世英在工作中，尽职尽责，多年的工作受到单位职工同事的赞扬。“春蚕到死丝方尽，蜡炬成灰泪始干”，是他作为一名党员对生命价值的追求。现在，武世英虽已退休，但他依然以一名优秀共产党员的标准要求自己，始终牢记全心全意为人民服务的宗旨，处处发挥党员先锋模范作用，以自己的实际行动证明了“共产党员，永不退休”。

武世英用他的行动，为心中的信念之旗增了色。

易 斌

从“跟着别人干”到“别人跟着干”

易　斌

易斌，1971 年出生，中共党员，1991 年参加工作，是中核陕铀发展历程中典型的“核二代”。在三十年的工作生涯里，先后在 4 号车间、2 号车间、化工运行部等部门工作，多次荣获“优秀共产党员”“公司劳模”“先进生产者”等荣誉称号，是公司技能人才队伍中的骨干力量。

守护运行系统是根本。技校毕业后他就分配到了 4 号车间，负责空压站的运行工作，在问起他工作中有哪些最难忘的经历，他笑了笑回忆道：“最难忘的就是上班第一年的大年三十晚上上中班，当时一个空压系统运行值点只有两个人，上班第一年的大年三十晚上就碰上中班，坚守岗位是必须的，哪怕是最重要的春节团聚也得让步。那天晚上看着生活区内的烟花，听着爆竹的声响，心里很是委屈。现在回想起来，从学生到职工，身份的转变从那一刻开始凸显出来了，不过系统稳定运行是最重要的。”

工程建设冲在前。1996 年 405-1A 工程开始建设，他就从运行岗位出来，投身工程建设工作。工程建设是一套整体的系统的工作，当时年轻的他不满足于“跟着别人干”，白天干工程，吃在车间，住在车间。经常黑着天进厂，黑着天出厂。一连一个多月几乎没见过太阳。晚上抽着空闲时间开始学着看图纸，一张一张翻找、与现场实际比对，遇到不明白的地方请教技术人员，一步步从“跟着别人干”变成了“别人跟着干”。工程建设只单单看图纸还远不能满足，在实际工作中他开始练技能，行车、电焊、电瓶车等专业技能也慢慢地掌握、熟悉。2007 年他带领团队到天津，顺利完成集团公司的重点科研项目，受到上级领导的表扬和认可。随后参与公司 405-1C 工程、405-2 工程、示范工程的建设工作，在工程建设中练就一身本领，也用练就的本领带领队伍高质量完成工程建设工作。

保障运行系统是使命。随着公司发展需要，2013 年他从 4 号车间调整到 2 号车间，2 号车间主要任务是工程建设，同时还承担着设备检修工作。从 2013 年开始，他就逐步从工程建设上退出，投身设备检修工作，主要维修与产品生产相关的专用深冷设备，这又是一次巨大的转变。起初他连制冷原理都不懂，而且原来检修班班长离职，他成为了班长。面对这种压力，他说整个人都是懵的，可不服输的性格决定了没有他解决不了的问题。从身边的老师们学起，从制冷原理学起，别人休息的时候他在设备旁边观察、研究，遇到“疑难杂症”时联系设备厂家人员电话交流，为他解答疑惑。短短两年时间他已然成为公司内制冷设备的检修专家，不仅自己的维修水平过硬，还带出了一批优秀的徒弟们，又一次在新的岗位，培养出新的队伍，完成了新的使命。他们成为了运行系统的“温度守护者”。

易斌常常说：“我是共产党员，从我决定入党的那一刻起就有了一种使命感，想尽一切办法完成组织交给的任何任务。中间的过程是曲折的、痛苦的，但是回头看看，我们也做到了，我们更是成长了。”

金晓勇

70 ℃的考验

金晓勇

49.6℃是中华大地上观测到的极端最高温度，但对于金晓勇师傅来说，最高工作温度是70℃。

20世纪90年代，中核陕铀建成我国第一座离心铀浓缩厂，与之配套的供取料厂房也同步建成投入运行。为保证六氟化铀处于气态工况，在供取料厂房里配置了一个又一个高达70℃的小房间——保温箱，那是金晓勇师傅工作的场所之一。

中国核工业起步之初，扩散法是我国铀浓缩的主要方法，具有成熟的工艺流程。随着铀浓缩事业的发展，离心法以特有的优势成为主流工艺方法。20世纪90年代，中核陕铀开创先河，首次引入离心工程。由于离心工程为国内首次建设，所有流程和设备都要从头摸索与研究。在主厂房的改造中没有大型机械，金晓勇师傅勇挑重担、身先士卒，带领突击队摸索前行，通过采用爆破等技术手段，保质保量地完成了主厂房的改造任务。

“时间紧任务重，白天要加班加点干活，晚上还要和其他施工人员沟通协调，讨论怎么干、什么时间干。最终还是按时完成了工程建设的全部土建任务。”金晓勇师傅回忆道，“工程厂房建设非常辛苦，但更大的挑战还在后面！”

供取料厂房承担着为工艺运行系统输送原料、取出产品和贫料的重要任务。投运初期，供取料系统需要供料达到较高的温度和压力，一部分阀门和调节装置要安装在 70 ℃的保温箱里，同时还要频繁操作，以保证物料运行参数始终处于允许的范围内。阀门和调节装置故障率极高，确保正常运行操作难度极大。

作为检修员，金晓勇师傅不等不靠，刻苦钻研，很快掌握相关设备的结构和原理，他的检修工作总是做得又快又好，成了公认的检修专家，保温箱的检修任务自然更多地落在了他的肩上。在 70℃的保温箱中作业，每一次的呼吸都变得异常困难，工作五分钟就热得满头大汗。检修工作的每一步都对精准度要求极高。每次在进行检修工作时，为了确保在高温环境中检修工作的精准度，金晓勇师傅承受着高温的炙烤，工作服被汗水打湿很快又被高温烤干，衣服总是在干与湿之间转换。每当完成检修工作走出保温箱时，金晓勇师傅感觉汉中夏季少有的 40 ℃的异常高温天气对他而言，也显得分外的凉爽和惬意！

面对人们对他的夸赞，金晓勇师傅总是这样回答道：“过去的事不值一提。工作是大家干的，我只是尽了一名党员应尽的职责而已。”金晓勇师傅从开始走上工作岗位到退休离开他热爱的事业，一直兢兢业业、埋头苦干，以实际行动诠释了作为一名普通党员对事业的忠诚与担当。回顾走过的岁月，金晓勇师傅以尽职尽责、干好本职工作的实际行动向组织交出了他最满意的答卷，兑现了他入党时面对党旗的庄严承诺。

周渭泉

管理彰显陕铀风采

周渭泉

毛主席曾提出“从群众中来到群众中去”，作为中核陕铀的老厂长，曾荣获省部级优秀共产党员的周渭泉一直牢记这句话。凡事从小事做起，用自己的辛勤与汗水积累经验，努力做好核工业的领路人。“纸上得来终觉浅，绝知此事要躬行”是他的工作感悟；“天道酬勤”是他的人生格言。他凭借着对中核陕铀的朴素情怀和吃苦耐劳的精神，脚踏实地任劳任怨地干好每一件工作，承担起党员的责任与义务，做工友学习的规范和榜样。

他是爱岗敬业的带头人

如何做一名合格的党员，不是嘴上说说那么简单。他明白要有远大理想也要脚踏实地，心里始终装着职工，遇事敢于担当直面问题，干干净净讲规矩。为了做一名合格的共产党员，他一直秉承着“吃苦在前、享受在后”的意识。

1997 年 10 月，周渭泉任四〇五厂厂长，他深深明白要当好一位厂长，肩挑千斤担。当时，我国第一座离心法铀浓缩商用示范工程一期已启动成功，二期工程正处于建设高峰期，面临的任务既要保证一期工程安全稳定运行，又要保证二期工程如期建成，还要积极稳步推进企业改革进程。他作为负责人，带领全体干部、工人、技术人员发扬陕铀精神。通过五年多艰苦卓绝的努力，不仅实现了国家“八五”“九五”等重点工程提前全面建成投产，而且实现了中国核工业总公司提出的“工期要提前，质量要保证，预算不突破”的目标，这是我国浓缩铀生产技术的跨越和生产能力的跃升，在中国核工业发展史上有着重要的意义！

1999 年 3 月 15 日，二期工程最后一个机组启动并投入运行，我国第一座离心法商用铀浓缩厂全面建成。1999 年四〇五厂被中华全国总工会颁发全国五一劳动奖状，周渭泉厂长代表全厂参加了颁奖会，他也被陕西省经贸委等部门评为“依靠职工群众，推进技术进步”好厂长。面对取得的荣誉，他露出会心的微笑，说：“功劳都是大家的。”

他是精细管理的践行者

405-1A 工程全面建成投产后，他提出必须抓好技术和管理，确保我国第一座离心法铀浓缩厂安全、稳定、经济运行，把公司建成我国“技术高新、指标先进、队伍精干、管理科学、效益优良”的一流浓缩铀生产企业。为此，他主要从两方面下功夫：一是实现管理转型，建立一套规范、科学的管理制度和管理体系，要从追求工程建设目标转到抓安全、稳定、持久运行和经济效益的提高。他以专业班组管理为切入点，细化班组建设标准，不断提升班组管理水平，持续促进“双基”工作，责任细化到人，形成岗位单元有效的实施组织，通过日常班组活动总结改进各项工作；他全力推动质量体系认证，在全公司建立起运行有效的安全生产管理网络，强化以成本管理和资金管理为中心的财务管理，推行全面预算管理；他通过建章立制，促进管理程序化规范化，建立“分工明确、配合密切、办事有程序、工作有标准”的科学管理体系；他坚持贯彻“以人为本”的原则，努力培养一支具有较高思想素质和业务技术素质的职工队伍，以适应企业持续发展的需要。二是消化吸收引进技术，尽快掌握离心法铀浓缩厂的运行规律，实现工厂安全稳定运行。在此基础上，他把目标瞄准国际先进技术，大力推进技术进步，以科技创新促企业发展。他不断完善岗位标准化作业指导书，在岗位合并、技术改造的基础上，适时完善标准化作业指导书，利用好岗位禁令、一口清等编制成册，以此作为员工岗前教育与日常学习的必备资料，并每月对落实情况进行检查考核。

通过加强管理和推进技术进步，中核陕铀的经济效益不断提高，生产经营一直保持增长势头，可持续发展能力大大增强。在全厂全面推行模拟市场核算的努力下，分离功耗电、分离功成本逐年下降，在核燃料系统和陕西国防科技工业系统名列前茅。四〇五厂的主机损机率远低于设计指标（不到设计指标的十分之一），级联结构不断优化，效率高出设计指标几个百分点；四〇五厂在改革、发展、稳定方面稳步前进，工厂的几项重大技术创新先后获得国家级和国防科工委的科技奖励 10 余项，同时也为公司创造了可观的经济效益；他参与的《405-1A 工程建设重大技术创新和技术改造》荣获 1999 年度国防科学技术一等奖，2000 年度国家科技进步二等奖。

他是乐于助人的“贴心人”

作为老党员，他明白只有把职工群众的利益放在心中的最高位置，心系职工、深入职工，才能保证思想与行动保持一致，获得职工的认可，才有资格做职工的领路人。如何回到职工群众中去，一直是他思考的问题。在抓好企业生产经营的同时，他努力增加职工收入，办实事、办好事，绿化、美化厂区和生活区的环境，改造旧煤场遗址为美丽的憩园，成为职工休闲健身的好地方；2000 年他为家属区安装了暖气，为职工、家属创造安居乐业的条件，切实增加职工、家属的幸福感。生活中有任何困难，该出力的时候他绝不撒奸。工段里谁家里遇到困难，不论是认识有多久，只要有时间，他一定是那个忙前忙后出力的人，即使上班忙没时间，他也要在下班后去看一看，帮着收拾收拾东西才会安心。他的付出，得到了广大职工的一致好评。

他常说，他要做像焦裕禄那样“心中装着全体人民、唯独没有他自己”的实干家。在日常工作中他以制度执行为根、工作习惯为枝、人之常情为叶，以身作则，以实际需要为出发点，力争为其他员工带好头。对于自己，他要求做事高标准，全力做到考虑细致、精益求精。他始终明白只有如此才有资格做群众的带头人。

孟庆山

经历就是天赐良机

孟庆山

革命先驱李大钊说过："凡事都要脚踏实地去做，不驰于空想，不骛于虚声，而唯以求真的态度作踏实的工夫。以此态度求学，则真理可明，以此态度做事，则功业可就。"这句话也是陕铀商务合同部党支部书记孟庆山的真实写照。

孟庆山，1990 年参加工作，在第五车间从一名钳工开始干起，随后从事过宣传、经济合同管理、人力资源、物业管理、组织绩效考核、精益管理等工作。无论在哪一个岗位上，他总能找到这个岗位的乐趣，在平凡的岗位上努力工作，做出不平凡的成绩。不断修正三观，演绎着一名共产党员的人生要义。

肩负神圣使命，代表人民利益，永葆共产党员初心使命。孟庆义的父母都是厂里职工，父亲更是一位老党员。身为厂子弟，技校毕业之后就进入公司工作，也成为了一名"吃核饭"的核工业人。入职伊始，他从事着民品项目电器盘柜的生产，由于年轻，经验不足，上班还是懵懵懂懂的状态。经历了两年的历练，他伴随公司一同成长，也开始对公司有了更深刻的认识和理解。

1992 年，孟庆山被调入党委宣传部成为了一名播音员，每天负责宣传贯彻党中央精神和公司要情，这让他进一步了解了中国共产党以及共产党员，在党员同志们的影响和指引下他提交了入党申请书。在做播音工作的第二年，厂里正在开展引俄工程，时任国家主席江泽民亲临工厂视察，就我国能源发展的战略问题作了重要指示，并为工厂题词：“发展核技术，开发新能源”。当时的引俄工程是提升我国综合国力的一件大事，也极大地提高了公司职工的工作热情。大家深切地感受到自己从事的工作对国家的重要，明白自己肩负着重要使命，有一种很强烈的责任意识，增强了为党和国家奋斗奉献的理想信念。

1997 年，他加入中国共产党，同年在法律顾问室工作，由此正式开始了管理岗位的历练，两年后调入人力资源部工作；后续孟庆山又先后在物业、企管等部门工作。面对形形色色的工作任务，时刻牢记自己党员的身份，努力向身边有多年工作经验的同事和领导学习，积极参与各项工作，为自身的成长积能蓄力。2018 年，对公司来说是一个新的起点，公司试行董事会制度，公司管理架构发生重大变化。孟庆山积极主动参与此项工作，为公司向现代企业管理制度的转型贡献了自己的力量。

他坚信从来没有一劳永逸的人生，只有不断成长的磨炼。从参加工作至今，不管到哪里，无论工作任务轻与重，他始终把这些经历当作天赐良机。他知道只有永不放弃，静默地成长，平静地努力，才能保持前进的动力。他对自己工作的理解始终超越自己与公司的雇佣关系，与企业一起成长，相互依偎、相互依托、互利共赢，成为利益共同体、命运共同体，把自己融入这个光荣的团队之中，只有如此，才能获得全面的发展。

作为一名共产党员，他以身作则，率先垂范，奉行着党员的职责和使命；作为一名共产党员，他干一行爱一行，立足当下干实事；作为一名共产党员，他自觉树立“三牛精神”，辛勤耕耘，勇往直前，争创辉煌。牢记一名党员的初心，以义正心、以品立世是孟庆义的党员本色。他说我会坚持“不驰于空想，不骛于虚声”的态度一以贯之，继续在岗位上无私奉献，展现一名共产党员应有的品质。

胡甘义

义薄云天担使命

胡甘义

烟雨楼台，革命萌生，此间曾著星星火；风云世界，逢春蛰起，到处皆闻殷殷雷。回望历史，旨在启示未来，百年辉煌照亮前行之路。不忘初心，就是守正创新、精业笃行；不忘初心，就是两袖清风、呕心沥血；不忘初心，就是筚路蓝缕、赓续伟业；不忘初心，就是四季耕耘、继续前行。胡甘义就是这样一位勇敢担当的普通共产党员。

胡甘义的父亲是一名参加过革命的老党员，后来转业到了北京，但是一封突如其来的信函，让胡甘义及其父母的人生轨迹也发生了转折。从北京到天津，再到兰州，最后落脚在了钟灵毓秀、人杰地灵的秦岭南麓小镇。

来到小镇后，胡甘义路过了张贴标语的围墙，穿过挂着振奋人心标语的小巷，看着工地上挂起的党徽、党旗，看着荒芜的平地上建起了学校、食堂和厂房。他时刻不忘自己的老党员父亲经常挂在嘴边的殷切嘱托——“只有共产党才能救中国……”“要好好努力报党恩啊……”任重道远须策马，风正潮平好扬帆，他深刻地明白，党的恩情是父母不懈奋斗的支点，从此，胡甘义的心中便更加坚定了对党的理想信念。他满怀敬意，在守初心中铸就忠诚，在担使命中展现本色，他说：“要入党，更要做像他们那样的人！”

沧海横流，不改本色

1991年，胡甘义正式成为一名共产党员。但党员不只是一句称呼而已，它代表着荣誉，更肩负着责任！既然成为了一名光荣的共产党员，就要为党努力工作！

沧海横流，方显英雄本色；永葆初心，才能更好担当使命

从基层到中层干部的几十年，胡甘义是四〇五厂建设的亲历者，也是中核陕铀发展的见证者。在党的培养下，他的工作屡获嘉奖，表彰和奖状有多少，他自己也记不清了。他只知道，这所有的荣誉并不独属于他个人，做出成绩的人也并不只有他自己，一路走来，数不清的仁人志士向着同一个目标奔赴着，他们披荆斩棘，砥砺奋进，革故鼎新，奋发图强。因为组织的信任，让他走上这个岗位，他暗下决心，竭尽所能和同志们一起把组织交给的任务臻于至善，但他自己却说，我只是一个普普通通的带领大家向前走的人。感知初

心、坚守初心、践行初心是他的坚守；认清使命、扛起使命、不辱使命是他的担当。

守初心要“诚”，担使命要“勇”

虽然建设初期的艰苦日子已经很遥远，但是胡甘义的眼前依然时常浮现出那些灰头土脸、沾满汗水的笑脸。他说，如果没有这些党员、群众一起努力、一起奋斗，哪会有今天的成绩。早年工程建设时期，物资匮乏、工期紧张，现在回想起来仍觉得十分艰苦。旧厂房层高总共才三米多，工期要求紧，工程行车装不上去，我们自己做出龙门架在尘土飞扬的厂房里靠人力推动。60 多个三米多的框架用龙门架一个个用倒链拉起来，才完成了整批的框架安装。厂房里的灰尘……口罩戴上不到 10 分钟就全是灰、满脸的灰。我们推着只有几个轮子的龙门架在厂房里走，每天如此。周末、节假日也从来都没有休息过，只有 2 块钱餐票作为加班费，但大家依然斗志昂扬，全力以赴。当一起奋战过的同志要离开时，胡甘义满怀不舍地把他们送上汽车，看着车辆远去，眼眶里是抑制不住的泪水，眼眶外是越发模糊的身影，过去一同共患过的难，仿佛就在昨天。以至于后来每每走进那间厂房时，过往场景依旧历历在目，他的内心依然久久不能平静。

落在细上，坚持细处着眼，才能润物无声；落在小上，注重小处着手，才能以小见大；在落实上，倡导实处着力才能知行合一。1994年的“五一”假期，胡甘义和同志们在分厂加班做工程框架的钢模板。从成堆的角钢里挑选，每一个都要用角尺进行测量，角度超过标准要求绝不能用。任务结束后，经过各方专家验收，获得好评一片。后来，他们又做方梁的模板、槽梁的模板，又做预埋件，还做机器的曲臂。那是钢铸的力臂，焊接工程量非常大，不仅四周要焊接，还要保证每个面的垂直度。胡甘义对工艺要求读了很多很多遍，每一步都严格执行。

曾经遇到的种种困难，今天的人是无法想象的，但不管怎样，胡甘义和他的同事们还是一路走到了今天。过往的每一步都映照着一代代四〇五人拼搏奋斗的荣光，现在的新陕铀人也一如曾经积极奋进的四〇五人，用脚踏实地践行新时代核工业精神的内涵，以“新”入“心”，向着朝阳迈向远方。

胡凤英

用行动诠释党员本色

胡凤英

一颗种子，可以无声无息地在泥土里腐烂，也可以成长为参天大树；一块铀石，可以平庸无奇地在石头里沉睡下去，也可以产生惊天动地的力量；一个人，可以碌碌无为地在世上混日子，也可以让生命发出耀眼的光芒。胡凤英在平凡的岗位上，用自己的行动诠释了一个共产党员的精神。

涓涓不塞，是为江河；源源不断，是为奋斗；生生不息，是为中国。胡凤英于 1972 年参加工作，1979 年入党。仰望历史的天空，家国情怀熠熠生辉；跨越时间的长河，家国情怀绵绵不断。她说：“当公司还处于基建时期的那段日子，一切的一切都还是百废待兴。大家常说的一句话就是：有条件要上，没有条件，千方百计创造条件也要上，咱们要上下一股劲，逢山开路，遇水架桥，克服一切困难。”

却顾所来径，苍苍横翠微。“建厂初期，很多从祖国五湖四海赶过来支援的同志连住的地方都没有，只能暂住在当地老乡家里。那时候的大家没有白天黑夜或周末可言，但大家从不喊苦喊累，乐于多作贡献，善于分工合作，敢于坚持原则，富于创新精神。时间就是速度，时间就是效益。”

咬定青山不放松，立根原在破岩中！“直到大家齐心协力地开拓出了厂区和生活区，才陆陆续续地从老乡家里搬了出来。但是就算搬进了生活区，大家家里可不像现在这样，有着各式各样的家具和电器，那时只有一模一样的床、桌子、柜子。在当时，吃喝也是问题，当地可以吃的蔬菜和粮食很少。一开始只能通过修好的铁路从外面运输进来，后来请来专家指导当地老乡种地、种菜，并在每个村上成立相应的蔬菜队和农场，才慢慢可以从当地吃上蔬菜和粮食。”

回顾过去，既有成绩，也有问题；立足当前，既有压力，也有机遇；展望未来，既有动力，也有信心。据胡师傅回忆，那时她的岗位是团委干事，主要工作是带领团员们学习和工作，然后在大家工作之余，组织联系大家开展各种活动，改善当地老乡及厂里同事的生活条件，丰富大家的精神生活，提升大家的思想境界及政治素养。在她看来，她这个岗位就是党与群众之间的纽带，要积极带领大家坚定方向，提升能力，努力奋斗，向党组织看齐。

艰难方显勇毅，磨砺始得玉成。不等不靠、自立自强，坚忍不拔、百折不挠，敢于创新、善于突破，是胡凤英一贯坚守的准则。她后来被调入学校总务处办公室，担任主任一职，负责主管后勤物资的工作。在她任职期间，由于有基建时期的工作经验，加上一以贯之的办事态度，做起后勤这一块也是得心应手、井井有条。在 2008 年汶川地震时，她有条不紊地组织人员在操场上划定安全区域，搭建地震棚及补课场所。同时她号召大家捐款捐物，收集起来支援汶川，许多学生在她的号召下还画了许多手工画和横幅，为汶川加油打气。

守初心，持恒心，强信心；担使命，善作为，创辉煌。理想信念中有初心，党章党规中有初心，根本宗旨中有初心，奋斗目标中有初心，誓词誓言中有初心。在与胡师傅的交谈中，虽然她说得平平淡淡，没有什么轰轰烈烈的壮举，没有响亮的豪言，但就是会让人觉得这就是党员，无论干什么事都冲锋在前，积极主动，认真负责，能多干一点是一点。或许在她眼里，这已是自己的习惯和本能，不需要专门拿出来讲，这仅仅就是人生本来的颜色。

欲问秋果何所累，自有春风雨潇潇。胡凤英用无悔的青春，心系职责痴心不改，一心只为领路人，她用自己的实际行动诠释着奉献与责任，诠释着人生本色。

寇金元

敢乘长风逐浪高

寇金元

大棋局，开启新里程；大视野，奠定新格局；大引擎，书写新速度；大梦想，追逐新未来。中核陕西铀浓缩有限公司（原中国核工业集团公司四〇五厂）始建于1969年10月，20世纪90年代，经国务院批准建设代号为405-1A的新工程，简称一期工程。"回顾往事，历历在目。"原党委书记寇金元面对采访，目光如炬，感慨万千。

征程乍起　满目葱茏

好风凭借力，扬帆正当时。由于新工程属于国家财政拨款，核工业总部对新工程提出了"概算不突破，质量要保证，工期要提前"的指示要求。中、外设计院对新工程绘制了严密的网络设计大纲，一期工程最终确定为1000天的建设周期。面对概算紧、工期短、任务重、队伍新的实际情况，怎么办？公司党委从战略高度思考问题、研究对策、制定方案，适时地提出了“上下总动员，抓住历史机遇，奉献新工程，严把质量关，苦干加巧干，工期要提前”的目标与工作思路。一时间，全公司上下开展了一场与时间赛跑、与困难拼搏，心往一处想，劲往一处使，群策群力，你追我赶，大干新工程的崭新面貌。

道阻且长　行则必至

敢干闯出了新路，竞干展示了风采，苦干结出了硕果，实干赢得了民心。在新工程的建设过程中，公司党委一班人充分发挥党委的核心带头作用、党支部的战斗堡垒作用、共产党员的先锋模范作用。党委一班人按照分工和各自的工作联系点，深入到车间、班组、现场，靠前指挥，及时发现问题，及时协调解决。工程建设期间，全厂职工几乎没有节假日休息日，党委一班人全年无休，每年的大年初二就召开党委会，研究工作中出现的一些主要问题，理清工作思路，明确新的工作目标。大年初三，公司党委一班人带领职工队伍进入施工现场，为新的节点、新的目标奋斗。而广大职工也积极克服困难，主动协调配合，不讲困难，不叫苦，你帮我，我帮你，共同前行。

稳健运行，稳步推进，稳扎稳打，以精神文化为引领，以行为文化为基石，以和谐文化为目标。广大干部、职工奋力拼搏、无私奉献、严密组织、科学施工、高效精准调度，一期工程在不到700天的工期内，完成了由中、外设计院绘制的1000天的工程网络大纲，实现了庞大的主辅工艺系统一次启动成功！提前了工期，保证了质量，控制住了总概算，创造出了大型工程建设的奇迹。外方专家团队的负责人在一次沟通协调会上动情地讲：“1000天的工期进度本身就非常的紧张了，他们始终认为是完不成的，因为不确定的因素太多了。随着工期的推进，他们看到了中方同事工作的高效，施工人员的主人翁责任感，严细的作风和吃苦耐劳的品德，由衷的感叹、佩服！中国的知识分子很优秀，中国的工人很厉害！”

栉风沐雨　砥砺奋进

初心凝聚力量，使命催人奋进，奋斗成就辉煌。随着工程建设的快速推进，企业管理中随之也暴露出了诸多矛盾和问题。针对此种情况，公司党委及时研究决定：各生产单位结合自身的工作特点，修改、制定、完善相应的规章制度。公司对重大规章制度的修改完善，如职工奖惩条例等，提交公司职代会审议通过；对重要的规章制度，提交公司办公会或专门委员会审议通过。通过规章制度的建立完善，促进了企业管理的转型升级，保证了公司各项工作的高效运转。如抓质量体系的建立，保证了工程施工、安装、调试的一次合格率，对降低成本、控制总概算，起到了关键的作用。新职工奖惩条例的实施，极大地激发了职工的工作热情，当主人、作贡献、钻业务、学技术，在职工队伍中蔚然成风。

同舟共济 薪火相传

新使命催人奋进，新征程任重道远。蓝图已经绘就，目标振奋人心，奋斗正当时。公司党委的顶层设计和各级领导干部、广大党员的身体力行、身先士卒，带动了广大职工在工程建设中的科学严细、务实高效、无私奉献的拼搏干劲。一批批的入党积极分子，以党员的标准严格要求自己，工作勇挑重担，吃苦在前，冲锋在前。他们不计名利、忘我工作，受到了周围职工的高度赞扬。他们用自己的实际行动诠释了共产党员的先锋模范作用，光荣地加入党的组织，壮大了生产一线的党员队伍。

寇金元说："任何一项工作，人始终是第一位的。"新工程建设期间，集团总部的主要领导多次来现场检查指导工作，向公司党委明确提出"在抓好新工程建设的同时，要抓好职工队伍的建设""要出技术、出标准、出经验、出人才；要为我国核燃料事业的后续发展提供技术支撑、提供标准数据、提供人才储备"等建议。一期工程的建设，为公司提供了宝贵的经验和人才队伍的储备。在后续的二期、三期和国产化大型商用离心法铀浓缩厂的建设中，公司厚积薄发，每一仗都惊心动魄！每一期工程都是一次历练和升华！

每一个项目都向党和国家交出了满意的答卷。

陕铀儿女多雄志，敢乘长风逐浪高！路漫漫其修远兮，吾将上下而求索！为加快我国核工业的发展，为增强我国的综合国力，为和平利用核能，造福人类，牢记习近平总书记“全面提升核工业的核心竞争力，续写我国核工业新的辉煌篇章”的嘱托，陕铀人任重道远！陕铀人永远奔跑在前进的路上！

董雪利

在其位谋其政

董雪利

2008 年 5 月 12 日，如果没有那场大地震，亦将是很平凡的一天。

当日下午，时任动力车间主任的董雪利正代表党组织慰问病中的同志。他见病人病情稳定，心情较好，便与同行的同事乘车返回工作岗位，行至办公楼下，就见人群从办公楼中涌出。“那个时候，在车上也没感觉到地震，刚下车就听到大家都在喊‘地震了’，就想着主厂区 21 号站的情况怎么样，会不会出事？”回忆起那天，董雪利这样说。当时，21 号站肩负着所有工作设备的供电任务，将 110 kV 的供电转换为 6 kV 的电源输送给下一级的变压装置，它若出现问题，不但会全厂停电，而且抢修难度大，风险高。

董雪利毫不犹豫地乘车赶往 21 号站，虽然地震的发生猝不及防，但是所有的运行人员都坚守在岗位上，供电如往日般正常。地震损坏了通信设施，主厂区的 21 号站成了一座孤岛，天灾之下，家人的状况成了令人最牵挂的事情，21 号站的每一名运行人员都极其担忧家人的情况，此情此景董雪利同志看在眼里、急在心中。然而余震随时都会发生，供电系统每一刻都离不开人，董雪利随即组织工作人员对供电系统进行全面检查，确认供电系统运行正常，待接班人员到位后，立即组织运行人员回家。而董雪利则留在运行一线，等待后面可能出现的余震，以防供电系统被损坏。

5 月 13 日凌晨 2 点左右，又发生了一次大余震。这一次 21 号站没有抵住挑战，全站失压。运行班班长第一时间冲在一线进行处理，恢复了部分供电。但是高压段母线持续放电并打火，有一个供电分段持续断电，抢修作业十分危险。分配工作时，董雪利将最苦最难的工作留给自己，抢修期间大震小震不断，直到地面恢复平静、供电系统再无异常时已经过去了整整三天的时间。

谈起“5 · 12 地震”的时候，董雪利清楚地记得每一个时间点、记得每一起故障、记得每一位坚守岗位的同志，对每一次的检修处理如数家珍，但是当被问起家里情况的时候，董雪利却沉默了数秒：“那时候应该住在帐篷里吧，我回去过一次，父母爱人都没事，我就走了。”或许是感觉自己有一些愧对家人，董雪利又补充道：“当时我是车间主任，每个人都关心家里的情况，如果我也回家了，又怎么要求大家留在一线？在其位就要谋其政。而且我把那些工作做了，大家就可以早一点回家。”

董雪利又谈及很多，每一次涉及选择时，他都用“在其位谋其政”或者“应该做的”甚至是“职责所在”来回答，轻描淡写的背后，却是实实在在的取舍。“在其位谋其政”

短短的六个字，董雪利在地震中用三天的坚守来践行。易地而处，当我们遇到相似的抉择时，我们又会怎样去践行“职责所在”呢？

焦彦涛

让火焰照亮星空

焦彦涛

风劲帆满海天阔，俯指波涛更从容。中核陕铀汉中机电设备制造有限公司，作为公司“十四五”发展中“培育至少一个新的非铀浓缩产业”战略目标的承接单位，肩负着在“十四五”期间将目标变成现实的艰巨任务。曾先后担任陕铀机电总经理、董事长、党支部书记的焦彦涛，在这里度过了不负韶华的关键时段。

回顾自己的职业生涯，可谓是学无止境、挑战重重。2017 年 LX 主业产品断崖式下滑，产能严重不足，焦彦涛感到肩上的责任更加重了。那一年，他愁得吃不下饭、睡不着觉。但他从未产生过退缩的想法，几番考虑之下决定逐个分析问题、逐个解决。

有风有雨是常态，风雨无阻是心态，风雨兼程是状态。面对困难，他带领陕铀机电积极开拓外部市场，参与市场竞争，增强企业核心竞争力，组建了市场经营计划部，开始积极谋求新的发展机遇。为了解决设备加工能力单一、以小件回转体加工为主（LX 专业配套的生产线）以及市场竞争力弱的问题，他带领陕铀机电与四川一家公司合作进行大型加工设备配套小件加工业务；为解决单一零部件加工技术力量薄弱、没有独立产品的问题，他带领陕铀机电与北京一家公司合作，共同开发生产螺杆泵、旋涡泵和双转子真空泵；为解决公司单一机加工业务的问题，他带领陕铀机电与沈阳一家研究院、西安一家公司组成联合招标体，成功承揽了北方重工的Ⅰ、Ⅲ线的自动化升级改造；为解决设备、人员富余的问题，他带领陕铀机电积极与有关公司洽谈协商，签订意向合作协议，成为他们的指定配套厂。

重拾匠心，坚守本真。奋斗之路并非坦途，获得感时有焦虑随行。“向外的市场开拓了，在向内的核品业务发展上，我们的优势也要壮大。”在焦彦涛的带领下，公司更加坚定以核为主谋发展，利用系统优势和技术优势，先后承揽了兄弟厂工程的全部平板支臂、65%的工艺管道制造任务及部分科研项目安装任务，完成了1 L、8 L、3 m^3 容器的试制及取证工作。2019 年 11 月，公司以良好成绩顺利通过并取得了武器装备科研生产单位三级保密资格。2020 年 2 月，取得了军工核安全设备制造（1 L、8 L扩证）、安装许可资格。

不尽狂澜走沧海，一拳天与压潮头。面对波澜壮阔的时代潮流，他依然满怀壮志、劈波斩浪、搏浪弄潮。志之所趋，穷山距海，不可阻挡。焦彦涛说，没有不会打仗的士兵，只有不会领导的将军，要将“行胜于言”落到实处，就更要撸起袖子加油干，不忘初心向前走！

在他日常的言谈中，出现最多的三个字便是“执行力”，他时时刻刻以身作则、身体力行，用自身的实践充分发挥党员的模范带头作用。在对自己的要求上，他时刻不放松，力争全方位提升自己。他说：“领导者是一个团队是否具有凝聚力的核心，重要的不是某项单一素质的凸显，而是多种素质的结合与表现。”

作为党员干部，他始终以无私奉献绽放人生、烛照他人。作为新时代的共产党人，他始终牢记我们党肩负的实现中华民族伟大复兴的历史使命，勇于担职履责，积极主动作为，保持斗争精神，敢于直面风险挑战，以坚忍不拔的意志和无私无畏的勇气战胜前进道路上的一切艰难险阻。

高树晓还密，远山晴更多。回首过去，他带领大家披荆斩棘、以启山林，栉风沐雨、砥砺前行；面向未来，他越发坚定理想信念，以“脚踏万山平”的雄心、“山高人为峰”的自觉、“愚公志移山”的韧劲、“一览众山小”的壮志，整装再出发，奋进新征程。

温光典

我的孩子绝不会害怕吃苦

温光典

他叫温光典，是众多战斗在核工业事业上的普通一员，他为核事业奋斗了一辈子，有如大海中的一滴水、高山脚下的一棵树、高楼大厦的一块砖、高原上的一朵花，在核事业征途上，抒写着青春，迸发着能量。

他生于1944年那个抗战时期，1965年12月至1971年2月于8342服役，这是一支神秘的部队，担负着神秘的任务，是中国人民解放军工程兵建筑第五十四师的代号，是专门承担核武器基地建设的部队。因为身体原因，在这个部队中他虽然不能像其他战友那样奋战在一线，但是他为战友们提供后勤保障，在平凡的岗位上做不平凡的工作，为核工业的建设无怨无悔地奉献着自己的青春。期间，他在各方面严格要求自己，在思想上也积极要求上进，并在入伍后的第二年光荣加入了中国共产党。

转业后为了响应国家号召支援三线建设，他毅然选择留在了四〇五厂，进入10号车间工作，负责四〇五厂工程建设的材料供应。从材料的接收、整理、分类、到材料的发放，他都亲力亲为，力争将此项工作做到最细最好。

1972年工作调动，他来到了当时的8号车间，从事专业、技术性较强的自控工作。来到陌生的岗位，开始一段新的旅程，这个岗位对于他来说是机会，同时也充满挑战。他开始从事各类仪器仪表的校验、维修。精密仪器的校验需要细心、耐心，他带着他的眼罩，在昏暗的灯光下一次次地校验，直到合格，他做到了！那个时候生活是非常艰苦的，由于妻子在家乡照顾老人，他独自一人拉扯着两个孩子，既当爹又当娘，在不到20平方米的毛坯房里一住就是十余年。

在孩子眼中，他非常能干，大到家中制作衣柜、厨柜等家具，小到缝缝补补，洗衣做饭，都是自己一人承担；在孩子眼中，他又是一位严厉的父亲，从不纵容娇惯子女。女儿小学三年级时就已经开始帮助父亲在家中干家务，儿子的独立性也很强。孩子们工作至今，他从未同意孩子们去休年休。曾经在一次离退休人员座谈会上，他说："我的孩子无论在什么条件下，他们都绝不会害怕吃苦。"如今，他的两个孩子都已成为了核二代人，子承父业，为中国的核事业继续奋斗。

由于在工作中的一丝不苟、兢兢业业，在1988年领导提拔他为检修工段段长，从技术岗位到管理岗位，这是一个质的蜕变，这是一个机遇同时也是挑战。带着领导的信任、带着挑战，他在段长这个岗位上学习如何去管理一个工段、如何将工段人员的能力都发挥出来。为了更好地开展工段工作，他及时与班、工段员工交流、沟通，了解每个人的长处，让他们都发挥出自己的优势，做到人尽其才。

在任工段长的四年时间里，他不仅做到了人尽其才，同时也与外界各个关系口对接融洽。1992 年，他被提拔为 8 号车间生产科的调度、科长，负责各方的对接事宜，直至 2003 年退休。

2003 年他虽然已退休，却仍然不肯闲下来，他是个做什么事都特别用心的人，每天按时去陕铀退休办报道，去维修那些损坏的桌椅、板凳，提供免费的社区维修服务，方便离退休职工的生活；他也是一位特别热心的老人，谁家里有需要帮助的事情，他都二话不说主动去帮助他人；他多次被陕铀党委授予“优秀党员”荣誉称号，2015 年被中国核工业集团授予离退休干部先进个人称号。

岁月悠悠几十载，虽年过古稀，他仍与他的老战友们一起关注着陕铀公司的发展，在抗疫期间仍尽着自己的绵薄之力。转眼迎来陕铀建厂五十多年，五十多年的风雨，五十多年的奋斗，陕铀从无到有，是一代代陕铀人努力奋斗的结果，老一辈人用铁打的精神、坚韧的毅力，筑就属于陕铀人的精神。

蔡传久

燃烧澎湃的事业

蔡传久

“革命战士一块砖，哪里需要哪里搬。无论在哪个岗位，干的工作都是为祖国核事业作贡献。”每一个企业发展壮大的背后，都是技术能手、革新巧匠、管理能人的强力支撑；每一个企业渡过难关的背后，也是这些能人巧匠的无悔付出与恒久坚守。他们是挺起中国实业脊梁的中坚力量，亦是中国实业未来的希望。走进中核陕铀，走近能人巧匠，走近一位与锅炉打了一辈子交道的核工业人——蔡传久。

绘一图澎湃事业

自弱冠之年，蔡传久便开始在粉尘飞扬、机器轰鸣中奉献他的青春，在锅炉车间扎根——烧锅炉；如今，青丝变成白发，他继续“燃烧”着他一生中最爱的事业，在人生最美好的年华里书写着“四个一切”核工业精神。

1971 年，蔡老所在的 8342 部队正在当时中国的绝密工程 816 地下核工厂进行作业，一纸调令，他们便来到了筹建中的四〇五厂。美好的瞬间，定格成永恒的记忆；奋斗的画笔，挥洒出梦想的华彩。历史的地平线上悦动着新的曙光。“核”力开启新征程，没想到这一来他就再也没有走。

当时的四〇五厂就是一个大工地，来的人什么活都要干。以蔡老为代表的第一代陕铀人在一穷二白、家徒四壁、旷野荒芜的情况下，不等不靠、手拉肩抬、自主创业建成了企业最初的原始根基，为我们的后续工程建设打下了坚实的基础。建厂初期，各项施工生活条件都不好，建设高潮期间有的时候连一口热水都喝不上，为此厂里决定自己买锅炉烧水，这既是当时工程建设的需要、也是生活改善的需要。蔡传久当时响应厂党委号召，从当时的机动处调至 7 号车间，从事锅炉运行及检修工作。

颂一拳满腔热忱

蔡老一干就是 40 年，从事锅炉工作以来，蔡老也曾调岗到别的岗位，但转来转去都是围着锅炉转，蔡老说四〇五的锅炉都是他一手参与建设起来的。那时候条件艰苦，喝开水大家都是去开水房打水，洗澡都是去大澡堂，食堂做饭都是蒸汽，冬天供暖更是关系到全厂职工的利益，更别说山里的工艺需求。所以那时候的锅炉水就是全厂职工的幸福水，必须一年四季全天保证锅炉的正常运行。

风雨中坚如磐石，大战前运筹帷幄，接过“精神意志”“精神力量”的接力棒，端好“金饭碗”“精神力”流淌在一代代陕铀人内心。蔡老所在班组不光要负责厂区里几个锅炉的运行，还要负责检修和管道修补，最害怕的就是冬天，说话间蔡老指了指旁边的暖气。蔡老说：“那时候厂里刚装上暖气，有些管道由于焊接问题或者螺口问题，供水的时候有的人家流了一屋子水。那时候没有手机，电话也不是家家都有，漏水的人家跑来找我们，我们就拿上工具去，一边用手摸摸水气管道，一边用锤子敲击，在确定故障点后，再拉电源切割管道。火花屋内四溅，还要防止着火，由于暖气阀门关闭不严随之而来的还有刺骨的冰水，很快房间地面上灌满了水，喷涌而出的冰水弄湿了我们的衣服和鞋子。在冬天，即使我们穿得很暖和，可是在室外待上一会儿就会有种冻透了的感觉，而我们就这样穿着被水打湿的衣服忙碌了近一个小时，才将堵塞的管道修好。这么多年来修过的管道不知道多少，但是每次我都能完成组织分配的任务，既让小家暖，也让大家暖。”

献一怀干事激情

看似寻常最奇崛，成如容易却艰辛。蔡老告诉笔者，烧炉子看似很轻松，实则一点也不轻松，除了要能够掌握烧炉子的方法外，还要有吃苦精神。

习主席告诫我们，要始终保持艰苦奋斗、甘于奉献的精神和锐意创新、开拓进取的激情，尽职尽责干好工作。每一名共产党员都应牢记于心、付诸于行。退休后因工作需要蔡老被公司返聘至原岗位，负责厂里锅炉的运行工作，而就在当年因煤炭供应紧张造成原煤质量差、灰分大，导致了锅炉受热面、电除尘器电场结焦严重、炉排片烧损严重。蔡老就根据锅炉负荷和各台锅炉的运行情况联系生产科停炉除焦，并重点检查炉排的烧损情况，对烧损严重的炉排片及时更换，确保设备健康运行。当时受热面除焦，蔡老身先士卒，漫天飞扬的灰尘呛得人呼吸困难，全身上下全是黑灰。工作现场炙热的热浪，烤得人全身发痒，就像针扎一般难受，汗水使劲往下流。有人说："你是返聘，指导一下就行了，何必非要亲自干呢！"而蔡老却说："不管是谁，活总得有人干，我烧了一辈子锅炉，我不干能行吗？"

抒一曲奋进凯歌

重整行装、再踏征途，离不开"风雨多经人不老，关山初度路犹长"的精气神。今年78岁、党龄51年的他谈起过去的事情依旧神采奕奕，他说他这辈子最幸运的事情就是进入到核工业这个大家庭，燃烧锅炉温暖大家，也燃烧了自己的青春，见证了咱们国家核事业的发展壮大。

大江流日夜，慷慨歌未央。中国共产党领导新中国在凯歌行进中走过 71 年，征途漫漫，唯有奋斗。站在“两个一百年”的历史交汇点，大力弘扬“两弹一星”精神和“四个一切”核工业精神，共同践行“责任、安全、创新、协同”核心价值观。强核报国、创新奉献，在传承和创新中，用奋斗诠释新时代核工业精神的时代内涵，乘势而上、只争朝夕，以孺子牛、拓荒牛、老黄牛精神引领开启核工业的新征程！

翟　微

从电路到心路的搭接

翟　微

一块小小的电路板，浓缩的不仅仅是中核陕铀信息化的探索，也印证了陕铀人精耕奋斗的工作铺垫，从风华正茂的青年到如今两鬓斑白的技术大师——翟微，扎根秦巴汉水，为中国离心事业献出了最美丽的人生。在国家重点工程建设和运行维护中，他以高度的责任心，爱岗敬业、不计名利、开拓进取，三十多年来始终如一。他用自己的实际行动和工作态度，诠释了一个共产党人对祖国核事业的承诺。

一以贯之，不坠青云之志

“无欲速，无见小利。欲速则不达，见小利则大事不成。”维修电路板不总是一件充满乐趣的事，经常需要花费大量的时间和精力去拆卸、安装电子元件，或者不断地查找、阅读元件的数据手册，或者不断地测试元件。这些工作对很多人来说显得单调、重复而无趣，但翟微之乐在于维修成功后的喜悦，这是对维修人员辛苦工作的最大回报。不是所有人都能坐得住冷板凳，翟微做到了。他潜心修炼，深耕厚植，认真对待每一个由系统维护更换下来的故障单元线路。他仔细听取运行人员的故障状况描述，并为每一个故障单元建立起历史档案。

一句诺言，用一生来守护

“士不可以不弘毅，任重而道远，”一代代陕铀人殷切的期盼与寄望，始终萦绕在翟微的心头，熠熠生光。安全是核工业的生命线，而主、辅工艺系统又是中核陕铀的生命线，自控仪表这一设备在保证工艺系统安全、连续、持久、经济运行中起着非常重要的作用。主工艺自控系统规模大、系统集成化程度低，自控设备故障较多，系统上更换下的单元、电路板如不及时检修，必将影响安全运行。在检修过程中，翟微认真研究图纸，仔细分析信号流程，严格测试线路中相关工作参数，经过分析确定故障点，采取相应措施予以排除，同时还对引发故障的相关原因进行分析，并向系统维护人员提出了解决和预防建议。

翟微着手建立与主工艺运行环境相适应的检修环境，自行设计构建检修辅助装置和线路，构建了动力柜各单元联合信号发生和测试、参数调校线路、部分标准版信号模拟测试线路等。然而，随着系统隐性故障类型的增加，故障诊断越来越困难。为在诊断过程中激发线路故障复现和模拟信号流，他自行设计的多种故障检修辅助线路和装置为提高故障单元修复率和复用线路可靠性提供了有力帮助。

在一次系统电路板故障中，经多位技术人员研究依然未能找到原因。后来，车间领导找到了翟微。“我到现场用了很短时间就查出了症结所在，原因为多个单片机传输频率阻塞，同步可靠性出了问题，需要对传输电路进行改进。我就到电子市场花 5 元钱买来电子元件，救活了一台价值几万元的设备。”回忆起当时的情景，翟微自豪地说起。

30 年来，由他检修完成的进口电路板、开关单元、动力单元、控制单元，总价值达近千万元。

一苇以航，不负韶华践初心

艰苦奋斗是玫瑰不露尖刺而盈溢的芬芳。时光荏苒，不变的是奋斗者的身姿，在历史坐标上始终清晰的是奋斗者的步伐。从不满足于眼前工作业绩的翟微，总是积极想办法开展对新技术的探索和应用。2004 年 7 月，他参加了公司“调节阀研制”科研项目，由于科研环境和条件简陋，该项目的开展完全是从零开始，而项目技术涉及学科的种类又较多。在理论基础不足和相关技术人才缺乏的情况下，开展此项目的难度非常大。他积极主动克服项目开展过程中的各种困难，不分白天黑夜刻苦学习和钻研涉及的多门学科和技术，积极想办法。通过查资料、外出调研或咨询寻求有关专家的帮助，科研项目国产化取得重大突破。“调节阀研制”科研项目的成功，对主工艺系统的安全生产、稳步发展起到了很大的作用。目前，翟微正在参与的示范工程新型电调阀研制，其难度更大，这对于翟微来说是一次新的挑战，也是新的奉献。以梦为马，以汗为泉，不忘初心，不负韶华，翟微用自己的行动，鲜衣怒马，勇闯未来。

一战而终，一往无前守初心

一头接续即将挥就的百年史诗，一头开启第二个百年的恢弘篇章。从前的少年郎，晔晔如扶桑。正如梁启超在《少年中国说》中描述的中国少年，“纵有千古，横有八荒。前途似海，来日方长”。如今的青丝匠，银发话初心。三十多载初心如磐石，心相端正党性岿然不动，翟微在本职岗位上兢兢业业、默默耕耘，用实际行动为核品生产安全、持久、经济运行作出了不可磨灭的贡献。锚定宏伟蓝图，脚踏实地加油干，奋发有为做好各项工作。他用自己的聪明才智和坚持不懈，谱写了共产党人从电路到心路的光辉一页。

冀炳奇

润物无声行致远

冀炳奇

初心凝聚力量，使命催人奋进，奋斗成就辉煌。他用一身正气砥砺了初心，以担当践行了使命。冀炳奇用一腔热血把初心变成行动，把使命变成职责，把愿望变成方向。他用无私奉献树立了一名优秀共产党员的光辉形象，让人们明白何为初心不改、英雄无悔，何为朴实纯粹、淡泊名利。

几十年如一日扎根在生产检修一线，时刻把运行系统设备“零”故障作为自己的首要工作原则，永远以保障生产安全稳定作为第一目标，任劳任怨，以突出的业绩和无私的奉献，生动地诠释着基层中共党员和一线检修人的时代风采。

1966 年 9 月，冀炳奇出生于山东青州。1987 年从四〇五技校毕业，2006 年从陕西理工学院计算机应用专业大专毕业，技师。他坚守儒家“卑以自牧”的思想观念，把“君子敏于行而讷于言”作为自己立身处世的风向标。他质朴踏实，不善言辞，几十年如一日，奔波在生产设备的检修路上，热衷于钻研业务；他没有任何官职，却尽心维护设备正常运行；他没有任何名利，却甘心于无私奉献。所有的这一切，用他自己的话来说，初心只有一个——我是一名共产党员，我是一名检修工，检修是我的本职工作。

冀炳奇在参加工作的几十年里，对于自己总是高标准严要求，不声张，勤勉工作。他以出色的业务水平、心系设备的高度责任心和默默付出的精神，追求着自己的人生价值，践行着基层检修人的责任和义务。时刻牢记基层中共党员的身份，赢得了领导、同事的交口称赞，由于他出色的工作业绩，屡获荣誉。

但前进道路不会一帆风顺，惟其艰难，方更显勇毅；惟其笃行，才弥足珍贵。针对高温天气下生产系统制冷设备故障次数居高不下、检修工作任务量急剧上升的情况，冀炳奇主动加班加点，对故障设备及时检修，保证设备故障处理响应率100%。面对故障及时处理，面对故障一定处理，无论上班与否，只要设备检修有需要，随叫随到。同时，他也暗下决心，一定要对设备故障率高进行整治，啃下这块硬骨头。他一边向身边人请教学习，一边自己刻苦钻研，认真研究各种业务范围内设备的工作原理、结构特点，由表及里，由浅入深，触类旁通，帮助自己提高检修效率，提前进行设备点检和预检。

大江流日夜，慷慨歌未央，经过长时间的钻研和现场检修，他终于解决了高温天气设备故障率高的难题，使设备的运行可靠性大幅提升，切实保障了生产系统的安全稳定运行。成功的喜悦，定格成永恒的记忆；奋斗的画笔，挥洒出梦想的华彩。“大舸中流下，青山两岸移”，他把初心写在行动中，把信仰落在实践上，他用行动践行初心，用初心坚守使命。

历史照亮未来，征程未有穷期。新征程上，冀炳奇在普通的岗位上干着平凡的事，创造着不平凡的成绩。“把平凡的事做好就是不平凡”是他志之所向、一往无前的壮阔航程，亦是他一以贯之、奋发图强的洪荒伟力。他以此作为自己的座右铭，以中共党员先进的理念和责任担当，书写着一名检修人的赞歌。

穆周超

质朴工装下的色彩

穆周超

一身工装打扮，除了质朴和庄重，和别的同志相比看不出什么特别之处，却在自身的岗位上殚精竭虑，时刻以共产党的高标准要求自己，以共产党员的情操为党旗增光添彩。他就是穆周朝。

穆周朝，从毕业分配到四〇五厂信息技术部（原计控站）开始，便以高度的责任感和职业道德，全身心地投入到工作中，将自己摆在了一个学习者的位置上，坚持学习，严于律己。他说："业精于勤，荒于嬉，有付出才能有回报。在最初的工作中不断地磨炼自己，跟着师傅们学习工作中的各种专业知识，刻苦钻研业务，努力提升自身业务水平，这才是一个年轻同志该有的态度。"他是这样说的也是这样做的，多年来他一直以自身的行为充分展示着共产党人良好的精神风貌、积极的学习态度、良好的工作作风。

穆周朝在多年时间里，一直在本职岗位上默默地忘我工作，一步一个足印，踏踏实实地完成了车间交给他的各项任务，并先后参加240台架自控系统安装、渭河化肥厂工程自控安装和调试、405-1A和405-1B工程建设、外协工程的安装和调试等工作。多年来他兢兢业业的工作态度以及踏踏实实的学习习惯使他成为一名管理经验丰富、技术精湛的工程技术人才和管理骨干。

调入生产技术部任部门主任之后，他便用自身的行动将“担当”与“责任”四个字展现得淋漓尽致。“谈起穆周朝同志，总是想起他扎实的技术与令人佩服的工作能力。”同事李健这样说道。在日常工作中，他可以按计划的时间节点完美地完成公司下发的各种工作任务，开展部门内部工作时，他可以用最简单的语言叙述出每一项工作的要求。“对于每一项工作，我都会提前想好应该怎样去推进，尽量减少无效沟通，这样就可以让大家有更多的时间放在工作上。”穆周朝这样说。

回想起曾经的工作，他依然可以沉浸在当时解决各种疑难工作的状态里，从语气中就可以感受到他的那份自信与自豪。除了做好自己的本职工作外，多年来他也将自己的一身本领毫无保留地传授出去。在自控仪表车间，仅从2007年至2009年3年间，他组织培训项目便多达70余次，参加培训人数多达1200多人次，组织教员授课多达1000课时；同时，他还完成了外培项目10余项，培训人员20余人。他说：“不论在哪一个岗位，进行什么样的工作，做事情都要认真负责，要对得起公司对自己的信任，对每一个向自己咨询技术问题的同志都要尽自己所学解决他们的疑惑，要将自己这些年的所学所想传授给公司的新鲜血液，不能因为我的离开便造成技术断层的尴尬状态，要人人学、人人会、人人行。”

工作之余，他也会积极参加工会组织的各种活动，和“摄影协会”的小伙伴们一起去拍出一张张让人心动的照片，用自身的行动带动大家丰富业余生活。“咱们工作场所的位置太偏僻了，缺少让大家丰富生活的娱乐措施，我想尽自己的能力去丰富一下大家的生活，为他们增添生活中的兴趣点，提升大家的工作、生活技能，促进大家的全面发展。”他笑着说，“在一次次活动的沟通交流中，也可以让我更好地融入群众中去，把党的一些方针政策积极传递给大家，给予大家党组织的温暖。”

一个人的成功与否，并不是做过多大的事业，有多大的成就。平凡的工作，平淡的人生，一样值得敬重。穆周朝用自己的行动，感动了一批人，在平凡中创造了有价值的人生；他用自身的实际行动，为党旗增光添彩。他让大家明白了共产党员不仅仅是一个身份、一种光荣，更是一份责任、一种奉献。这就是我们公司在质朴的工装下展现出来的绚丽色彩。

后　记

大江流日夜，慷慨歌未央。中国共产党在凯歌行进中走过百年辉煌，中核陕铀也在同心筑梦中迎来建企 52 周年。五十二个春秋，镌刻着历史的沧桑和岁月的峥嵘，记录着步履的铿锵与奋斗的豪情。回首来时路，百舸争流千帆竞。展望新征程，栉风沐雨续华章。一代又一代陕铀人雄关漫道，任重道远，奋战正酣，踌躇满怀。

忆往昔风雨兼程岁月如歌，看今朝百年华诞风华正茂。熊熊烈火传承百代，灿灿光辉彪炳千秋。从建党的开天辟地，到新中国成立的改天换地，到改革开放的翻天覆地，中核陕铀在砥砺奋进中走过千山万水，榜样的力量也随浩浩长风破万里浪，凌青云啸九天歌。

马克思说，人是历史的剧作者。在中核陕铀历史的长河中，总会涌现一些闪耀着奋进之光的人，我们称之为榜样。他们栉风沐雨，朝乾夕惕，默默守护着一座座厂房。他们对党忠诚、为国担当，迎难而上、克难攻坚，建成了我国第一座采用离心法生产浓缩铀的重要科研生产基地，还成功建成了由中核集团自主研发、具有完全自主知识产权的我国新一代铀浓缩离心机大型商用示范工程。中核陕铀始终坚持“强核强国，造福人类”的神圣使命，厚培工匠精神土壤，推动无数陕铀人用实干成就梦想，在平凡中彰显不凡，汇聚砥砺奋进的强劲动能。

盖有非常之功，必待非常之人。春风化雨十年百年，日辉月朗森森乔木已参天。中核陕铀人始终秉持着特有的新陕铀工匠精神，让榜样的力量永恒传承。他们敢为人先、科学严细、坚定执着、为国担当，推动着中国离心铀浓缩事业从这里起步并发展壮大。

山河为证，岁月为名。陕铀儿女多雄志，敢乘长风逐浪高。志之所趋，虽穷山距海不可平。新征程上，不管乱云飞渡、风吹浪打，我们党始终秉持以人民为中心，以优秀共产党员为旗帜，以榜样的精神为力量。勇于创新，追求卓越，矢志奋进，不断推进“三大基地，七大中心”新陕铀同心多元高质量发展，让宏伟目标变为美好现实。

值此建党百年之际，谨以《榜样》一书，书向简牍，好将陕铀华章，再谱新篇。谨向关注、支持本书编撰的各位领导致以崇高的敬意，向参与编撰的全体人员表示真诚感谢，向协助本书出版的全体工作人员表示诚挚的谢意。由于时间紧，任务重，加之能力有限，本书难免尚有不完善、不妥当之处，敬请大家海涵。

编辑部

2021 年 10 月